老い翔る

めざせ、人生の達人

千葉　惠　編著

Kei Chiba

北海道大学出版会

はしがき

日本や他の先進諸国は高齢社会に突入しています。わが国においては七五歳以上の人口は一四二九万人、六五歳以上の高齢化率は二三・一％です。日本は少子化や高齢化において次々に世界記録を樹立しています（第一話参照）。これは食生活や生活様式、医療等の改善、進歩によるところが大きいのです。これほどの高齢社会は私たち人類にとって前代未聞、未経験のことであり、私どもは同時代人としてその喜びと悲しみそして幸せと苦難を、もうすでに、現場で体験しております。悲喜こもごものこの時代において、冷静に「老い」を新たに正面から引き受け、考察し、今後の処方を提示することは喫緊の課題といえましょう。老いを新たに捉え直すとき、今まで気づくことのなかった視点を得ることができるでもありましょう。

本書は北海道大学大学院文学研究科、公開講座「老《お》い翔《かけ》る――人生の達人という夢」（二〇〇九年）をもとにして編まれたものです。老いについて、講師陣は自らの研究成果を横断的、学際的に連結し、古くかつ新しいこの問題に広く深い視野から切り込んでいます。老いの現実を見据えると同時に肯定的な側面を積極的に取り上げ、ライフスタイルの中で人生の完成期として捉え直すことができるかを私ども講師は自らの課題として引き受けています。老いを肯定的に生きぬいた実例を豊富に紹介し、豊かに生きるヒントを共有しながら、読者に新鮮な驚きを呼び起こすさまざまな知見を提案したいと思います。最新の知見を踏まえ、過去の長老や仙人たちの知恵に学びつつ、ご一緒に老境にもかかわらずどころか、老境であるがゆえにこその人生の達人をめざしたいと思います。

公開講座には最年少の方二七歳から最年長の方九二歳に至るまで百五十人が参加されました。平均年齢は六十代後半でした。講師陣は老いを前向きに捉えるという課題のもとに挑戦しましたが、聴講者よりも若い講師陣の講義はどれだけ聴衆に説得的に響いたのでしょうか。ともあれ、本書はその試みの記録です。本書においては、ライブの良さは翳りますが、より推敲されたものを提示しております。人生の知恵を古今の賢人、聖者、長老、仙人たちに学びながら、また現代社会や芸術作品や文学作品を分析しまた観賞吟味しながらなどして、研究者たちが老いの肯定的側面を析出する、その成果をここにお届けいたします。読者諸賢に老いを豊かに生きるヒントを本書が提供できますなら、幸甚です。

二〇一〇年一月

編　者

目次

目　次

第一話　高齢期にしたいこと・できること

金子　勇

一　「少子化する高齢社会」の実情

二〇世紀から二一世紀にかけて、日本の人口変動の特徴を箇条書きでまとめますと、次のような日本新記録や世界新記録に出会います。

①二〇一〇年一一月一日現在で、年少人口(一五歳未満)数は一九八二年から二九年連続の減少を記録して一六八六万人となり、日本新記録が続いています。ちなみに一九八〇年の年少人口数は二七〇五万人でしたので、約三〇年間で一千万人以上の減少となります。

②同じ時点での年少人口率は一三・二%となり、三六年連続の低下を示して、日本新記録を更新

しました。一九八〇年のその比率が二三・五%だったので、約三〇年で一〇%の低下です。また、①と②とにより、三〇年間での年少人口減少は一千万人になり、全人口の一〇%に当たります。

③二〇〇七年段階で人口四千万人以上を持つ国は世界一九二国のうち二六国を数えますが、日本の年少人口率一三・二%はこの国々の中で最下位です。これは世界新記録として位置づけられます。

④年少人口減少は五歳の幅で見ると、よりいっそう鮮明になります。表1-1では、幼いほど年少人口合計数が少ないという顕著な特徴が認められるので、少子化の影響はここでも深刻です。

表1-1 5歳幅の年少人口(2010年11月)

0〜 4歳	540万人
5〜 9歳	554万人
10〜14歳	592万人
15〜19歳	603万人
0〜14歳合計	1686万人
0〜19歳合計	2289万人

出典)総務省「推計人口」(2010年11月)。

⑤過去二〇年間、少子化を議論する際に用いられてきたのは合計特殊出生率です。この指標は一人の女性が一生かかって産むと仮定された子ども数であり、日本全国では図1-1のような傾向にあります。団塊世代が誕生したベビーブーム時代のそれは四・三二でしたが、一九五〇年代、六〇年代には下がりました。

一九七〇年代初頭の第二次ベビーブームでやや盛り返し、二・一四を記録したあとはほぼ今日まで一貫して低下してきました。二〇〇五年には最低の一・二六になりましたが、それ以降は横ばい状態で、二〇〇八年では一・三七でした。

⑥また、都道府県間の合計特殊出生率の差異も大きいようです。二〇〇八年の都道府県別データ

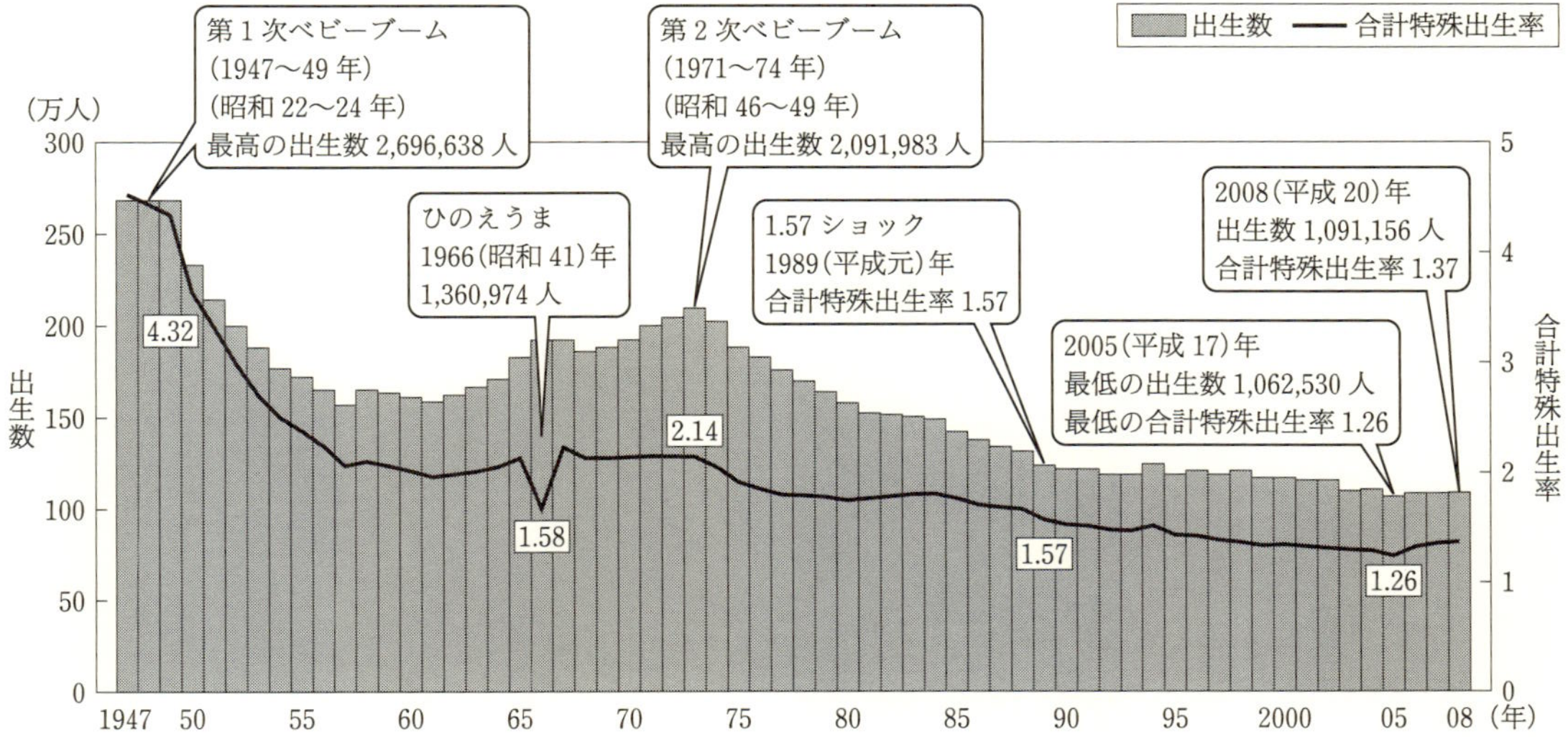

図1-1　日本社会の出生率と合計特殊出生率

資料）厚生労働省「人口動態統計」。
注）1947～1972年は沖縄県を含まない。
出典）『平成22年版子ども・子育て白書』。

表 1-2　少子化の社会的影響

経済面：市場の縮小。労働力の減少。消費の不振。失業の増大。自然環境の荒廃。
政治面：理念と目標の喪失。偏りのあるイデオロギー支配。政治による高齢者配分重視。
社会統合面：社会統合力の脆弱化。家族の縮小。犯罪の増加と検挙率の低下。年金制度や医療保険制度など公共財の破壊。国民間の不公平性の増大。
文化面：多文化の消失。スポーツ停滞。日常娯楽の不振。若年文化の衰退。

では、東京都が最低の一・〇九、北海道がその次に低い一・二〇になりました。沖縄が本土復帰した一九七二年以降は、沖縄県が合計特殊出生率の最高を一貫して記録してきました。二〇〇八年の一・五五以上は宮崎、鹿児島、熊本、佐賀の各県であり、風土的な特徴として温暖であり、農業にもまだ力が残っており、平均世帯人員の数も相対的に大きい県の合計特殊出生率が高いように見えます。

しかし、これらのすべての人口指標からも、二一世紀の日本における年少人口は未曾有の縮小傾向にあることがうかがえます。加えて、少子化により、表1-2のような多方面に波及する社会的影響が予見されるのです。

⑦反面で、二〇一〇年一一月一日現在での高齢者総数は二九四六万人に達しました。このうちの七五歳以上は一四二九万人に上っています(図1-2)。グラフからも①から④までの人口変動特性が顕著に読み取れます。そして全人口に占める高齢化率は二三・一%となり、このうち女性では二五・八%、男性で二〇・三%ですから、高齢期には男性よりも女性が五・五%も多いことになります。また数年後には総数から見て、七五歳以上高齢者が、六五歳から七四歳まで

の高齢者を確実に凌駕すると予想されます。

⑧国土交通省「二〇〇八年住宅土地統計調査」によれば、高齢者か高齢者と一八歳までの未婚者から構成される「高齢者世帯」は一八二一万世帯に達しており、これが全世帯に占める割合は三六・七%です。同時に、その中での高齢者単身世帯は四一四万世帯になり、高齢者の二二・七%がここに含まれます。さらに、居住様式で見れば、なんらかの共同住宅に住む単身高齢者は一四四万世帯であり、高齢単身者の三四・八%を占めています。

⑨一方、日本ペットフード工業会が二〇〇八年度に公表したデータによれば、全国の各世帯で飼い犬の合計数が一二五二・二万匹、猫は一三〇〇・四万匹で、犬・猫合計では二五五二・六万匹になります。これは年少人口数を超えて、高齢人口総数に迫る勢いです。これは二一世紀初頭における「世紀末」の様相を物語ります。

以上の九点が、二一世紀前半の日本が直面した「少子化する高齢社会」の実態です。

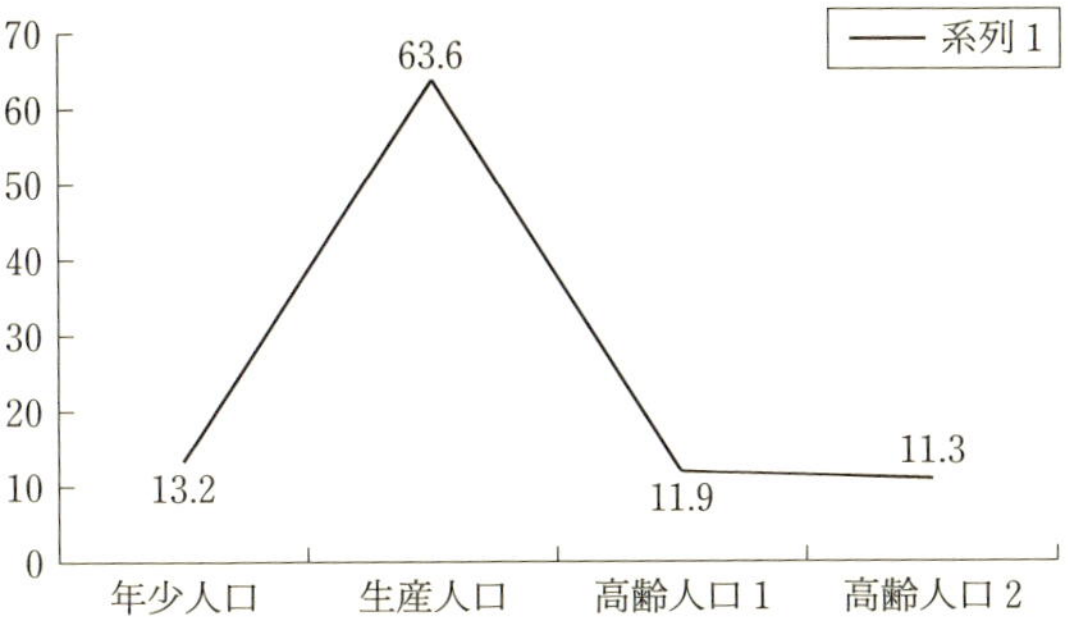

図1-2　日本の人口構成(2010年11月)推計

注）高齢人口1とは65歳から74歳までの人口を表す。
　　高齢人口2とは75歳以上の人口を表す。

二　喪われた家族の重視

このような激しい人口変動に伴い、現代家族の変容も著しいようです。歴史的に見ても父性は推定と信用から、母性は観察と事実から構築されてきたので、それを前提にして、家族の代表的な定義をまず点検してみましょう。「家族機能に媒介せられた日常的な行為連関圏」（清水盛光『家族』岩波書店、二〇〇七年、一九五頁）、「感情融合に支えられた、第一次的な福祉追求の集団」（森岡清美『発展する家族社会学』有斐閣、二〇〇五年、三〇二頁）、成人のパーソナリティ安定化機能と子どもの社会化機能に特化した「専門化した機関」（パーソンズとベールズ、橋爪貞雄ほか訳『家族』黎明書房、一九八一年、二五頁）などの定義がすぐに浮かびます。しかし内容に深入りせずに、ここではそれらを参考にしつつ、家族を考える要件だけを列記しておきます。

ひとつは、家族における相互親和による結合と分離の行為連関をしっかり見据えておくことです。この結合と分離は社会関係の基本であり、家族の中では夫婦関係、親子関係、兄弟姉妹関係でも等しく認められます。

もうひとつの社会関係として支配（権威）と服従（従属）の行為連関があり、ここへの目配りもまた重要です。これもまた、夫婦関係でも親子関係でも存在します。

第三には、少なくとも日本において家族を成立させる要件には、血縁を媒介にした目標追求集団という観点が不可欠です。これはフランスのPACS(pacte civil de solidarité)のように、同性のカップルの民法上の権利を認めた国における家族とは決定的な相違点になります。

家族機能論では、性と生殖、社会化と教育、経済と消費、老幼病弱の保護、宗教の単位、娯楽休養、社会的権利と義務の主体(金子勇『高齢社会・何がどう変わるか』講談社、一九九五年、六五頁)に分類可能です。それらの最大公約数は血縁を媒介にした目標追求集団の生活の存続にあり、これが最終目標として位置づけられます。人口変動とこれらの機能分類を総合化しますと、

1　家族主義から個人主義への主軸の変遷
2　ライフスタイルの私化(privatization)による多様性の増大
3　細分化された世帯増加による市場拡大(世帯ビジネスの機会増大)
4　少子化と小家族化による市場縮小
5　総人口減少と年少人口激減による市場縮小
6　高齢者増加、要介護高齢者増加による市場拡大

などの社会変動が読み取れるでしょう。

とりわけ通説のような「家族主義から個人主義へ」は、家族形態としては表1-3のように鮮明です。二一世紀の日本社会では、家族力は地域力とともに衰退してきました。たとえば家族力の指標として使える「平均世帯人員」は、「国勢調査」、「住民基本台帳」、厚生労働省「国民生活基礎調査」によるデータが揃います。調査主体の違いが微妙な数値の差異として出てはいますが、一九九

表 1-3　3 種類の調査による平均世帯人員

国勢調査	住民基本台帳	国民生活基礎調査
1990 年(3.01 人)	1990 年(2.98 人)	1989 年(3.10 人)
	1995 年(2.82 人)	1995 年(2.91 人)
2000 年(2.67 人)	2000 年(2.66 人)	2001 年(2.75 人)
2005 年(2.58 人)	2005 年(2.52 人)	2004 年(2.72 人)
	2006 年(2.49 人)	2006 年(2.65 人)
	2007 年(2.46 人)	2007 年(2.63 人)
	2008 年(2.43 人)	2008 年(2.63 人)
	2009 年(2.40 人)	2009 年(2.63 人)

〇年の平均世帯人員三人が、二〇〇五年では二・五人にまで減少した傾向は確実に把握できます。すなわち、この指標から、家族が縮小して小家族化が鮮明になったことがわかるのです。

そして、このような家族力の低下は自殺の増加と無関係ではありません。たとえば警察庁は、二〇〇九年五月に、日本国内で二〇〇八年一年間に自殺した三万二二四九人のうち、原因・動機が遺書や関係者の話などから判明した二万三四九〇人の内訳を公開しました（表1-4）。複数回答ですが、そこでは「うつ病」が六四九〇人で第一位となり、以下は「身体の病気」、「多重債務」、「その他負債」、「統合失調症」、「生活苦」、「その他の精神疾患」、「事業不振」、「夫婦関係の不和」、「仕事疲れ」の順でした。これらのうち、家族力がいま少し健在ならば防止できたケースは少なくないでしょう。

ところが、実態とは異なり、国民の家族意識は大きく変容しています。統計数理研究所が五年ごとに実施している「日本人の国民性調査」の二〇〇八年の結果がまとまったので、それを利用しましょう。「一番大切なもの」として「家族」が挙げられ、二〇〇三年度が四五％、二〇〇八年度では四六％の日本人が「家族」を第一位に

表1-4　自殺者の原因・動機（2008年）

うつ病	6,490人
身体の病気	5,128人
多重債務	1,733人
その他負債	1,529人
統合失調症	1,368人
生活苦	1,289人
その他の精神疾患	1,189人
事業不振	1,139人
夫婦関係の不和	1,011人
仕事疲れ	694人

注）複数回答可，警察庁調べ。

表1-5　あなたにとって一番大切と思うものはなんですか　（%）

	1953	1958	1963	1968	1973	1978	1983	1988	1993	1998	2003	2008
家族	19	12	13	13	18	23	31	33	42	40	45	46
生命 健康 自分	12	22	28	29	21	23	22	22	17	22	21	19
愛情	11	16	19	22	22	27	19	18	16	17	13	17

出典）統計数理研究所編『国民性の研究　第12次全国調査』2009年より。

したのです（表1-5）。この結果は、失くしてから知る大切さの見本としても重要です。二〇〇〇年前後に日本の平均世帯人員が二・五人を割り込んだあたりから、いわば無い物ねだりといえるほどに国民のあいだには「家族」重視が続いています。

社会の基盤は企業活動だけではなく、その従業者を支える家族と地域社会もまた社会基盤に果たす役割が大きいのです。おそらく「あこがれ、待ちこがれているだけでは何もできなかったのだ、だからやりかたをかえて、われわれの仕事にとりかかり、「時代の要求」をかなえるようにしよう」（ヴェーバー、出口勇蔵訳「職業としての学問」『世界思想教養全集18

ウェーバーの思想』河出書房新社、一九六二年、一六七頁）は本当でしょう。

その「時代の要求」として、国民は家族重視を鮮明に表明しています。やや遅きに失したかもしれませんが、政治行政だけではなく、経済界もマスコミもそして学界でも、この要求に応える努力を開始したほうがよいと考えます。

三　介護の全体像が見えるか

高齢化が進展するなかで、家族に直結する在宅介護現場に大きなしわ寄せが生まれています。ヘルパーの低賃金と重労働がもたらした慢性的なヘルパー不足が顕在化したのです。福祉や介護に中年女性がせっかく熱意を持っても、あまりの悪条件で辞めてしまい、若い人は将来展望が見えないから、もともと参入しようとしません。また仮に参入しても定着しません。人材が不足するから、介護サービスの質が低下して、利用者のニーズを満たせなくなるという悪循環が全国的に目立ち始めました。

介護だけではなく、すべての職業で良質の人材を確保する基本は労働条件を良くすることに尽きます。それは賃金面でも勤務時間面でもしたがって休暇面でも該当します。いくら使命感があっても、労働条件が相対的に劣悪と判断されれば、そこでの人材は定着せずに、ほかの分野に流出してしまうのが必然でしょう。

国民健康保険中央会によれば、二〇〇八年度の介護保険サービス費総額は七兆四九四億円になり、介護保険制度導入後初めて七兆円を超えました。高齢者による介護保険サービス利用比率は一五％程度ですが、高齢者総数が増加すれば、サービス利用も多くなり、したがって介護保険サービス費も確実に増大しました。家族との同居が比較的多い九州各県でも、同じような介護費用の増加がうかがわれます（表1－6）。

表1-6　介護費用の状況（2008年度）

	介護保険サービス費	対前年度増加率
全　国	7,049,357	4.3
福岡県	295,243	2.6
佐賀県	58,682	3.5
長崎県	109,640	3.0
熊本県	127,933	2.8
大分県	84,450	3.9
宮崎県	77,028	4.1
鹿児島県	127,785	3.3
山口県	103,824	3.3

注）介護保険サービス費単位は100万円。

二〇〇八年度における介護保険サービス利用者は三七六万人であり、一三・七％の高齢者が使ったことになります。これは前年度比四・一％の増加でした。また利用した介護サービス件数は一億五六三万件であり、これもまた前年度比で四・八％増を示しました。サービス日数は五・五％増の一一億三七六一万日でした。すべてにわたって利用件数が伸びています。

介護保険サービス費の内訳では、訪問介護などの居宅サービス費が最も多く、前年度比五・九％増の三兆三一六一億円、特別養護老人ホームなどの施設サービス費が一・一％増の三兆一五九六億円でした。また、認知症高齢者のためのグループホームなど地域密着型介護サービス費は、高い伸び率の一四・三％を記録しましたが、金額は五七三七億円に止まっています。

元来、福祉や介護は民間ビジネスの利益極大志向になじまない部分があります。高齢化は必然なので、要介護認定率も上がるはずであり、それを見越した高齢社会対応の財政誘導と少子化対策それに国民負担のあり方の議論が深まることがむしろ重要でしょう。今後「介護難民」が二〇〇万人くらい予想されても、なんら実効性に富む改革ビジョンが出されない現状に対して、歯ぎしりしている福祉介護関係者は多いのです。

同時に連動する「医療難民」の増加にも目配りしておきたいと思います。こちらも「医療費抑制」という単一目的のために、それまで入院して治療を受けていた患者が退院を余儀なくされ、医療面では病院に圧倒的に劣る老健施設に高齢患者が入所せざるを得ない事態も発生しています。いくら長寿社会が到来して、世界一の長寿国になっても、人生の最終段階での医療や介護が「費用抑制」の原則を適用するだけで政策展開することは、高度成長をもたらし豊かな社会を達成してくれた現在の高齢者に対して、あまりにも失礼ではないでしょうか。

「豊かな社会」つくりの恩人たちの晩年が、必要な介護や医療を満足に受けられない「貧しい社会」とは悲しいものです。与野党問わず、つまらない目先だけの事象のやりとりに時間を浪費せずに、二〇一五年を日本再出発元年としたビッグピクチャーを発表し、行政の独走を阻止して、「少子化する高齢社会」（金子勇『少子化する高齢社会』ＮＨＫ出版、二〇〇六年）を不安視する国民に安心と安全を提供できる具体策を行う時期に来ています。

四　長寿健康ライフスタイルのすすめ

世界の先進国では徐々に平均寿命が上がっており、日本人の男性では七九歳、女性では八六歳というように、長寿の傾向は不変ですが、国によってはかなりの相違が今日でも存在しており、たとえばロシア人男性は驚くことにわずか五八・九歳に下がっています（矢野恒太記念会編『二〇〇九／二〇一〇日本国勢図会』二〇〇九年、四八五頁）。もちろん一般的には長生きだけでなくて、健康な長寿を維持することが最も重要であり、ここではいくつかの観点からそのための基本的な素材を提供しておきます。

一五年以上にわたり、高齢者ライフスタイルの面から健康維持の条件を調査してきた私の経験から、内外の文献研究の成果とともにまとめますと、高齢者の健康にとっては、①血圧と血糖値が低い、②禁煙する、③肥満ではない、④適度な運動をする、⑤カロリーと塩分を控えた食生活に改善するなどが有効なようです。

常識的にも、血圧と血糖値は低すぎるのはよくないにしても、高いより低いほうがいいだろうし、禁煙の重要性は論をまちません。ただ「肥満ではない」というのは微妙な表現です。要するにガリガリに痩せているのはよくないという含みがある反面で、「小太り」はかまわないが、いわゆる肥満は絶対に悪いといわれているのです。

もっともこれらの三点は私の専門ではないので、高齢者のライフスタイルを考えるうえでのいわば前提として留意しておきたいことです。

さて、高齢化や高齢社会の研究に取り組む際に、私は日本一の長寿県、すなわち男性日本一の長寿県である長野県、女性日本一の長寿県である沖縄県に頻繁に通ってきました。八十歳代や九十歳代の高齢男女にインタビューをしたり、六〇歳から七九歳までの在宅の高齢者五〇〇人に調査票を用いた調査を行いました。何を食べているか、どういうことをやっているか、生きがいは何か、家族や近隣との交流はどの程度かなどを、住民基本台帳からのランダムサンプリングで得られた五〇〇人に質問して、計量的にまとめた経験も何回かあります(金子勇『社会調査から見た少子高齢社会』ミネルヴァ書房、二〇〇六年)。

それらから、長寿健康のライフスタイルを、特に長野県の男性の経験を通して見出しました。もちろん④「適度な運動」に含まれるのは、ぶらぶら歩きというよりも三〇分間の連続歩行をはじめとした農作業、家事、ボランティアでの仕事、趣味娯楽のための社会参加活動などです。

また「食生活改善」では、最小限以下のことを考えておけばいいでしょう。長寿食を長年専門としてきた民間学者の永山久夫の研究(『一〇〇歳食入門』家の光協会、二〇〇〇年)が、簡便で役に立つ情報に富んでいます。最終的には短歌形式で彼がまとめた内容に尽きるようです。それは「お茶飲んで、ご飯、豆、胡麻に、鰯に、人参、昆布、これで長生き、ワッハッハッハ」と表記されています。お茶では日本茶がいちばんよいようです。お茶と「ご飯と豆」が食の基本にあり、「胡麻に、鰯に、人参、昆布」が続きます。これらはほとんど和食の世界であり、和食でもむしろ粗食に近い和食といえそうです。このメニューは贅沢な食材を含んでおらず、私どもの親の世代やあるいは祖父母の世代が毎日食べていたものです。永山はたくさんの一〇〇歳や九〇歳の人たちにインタビューして、最終的に長寿食のエッセンスをこの歌にまとめました。

豆は大豆でもいいし、小豆でもかまいません。そのほかにもいくつかの豆があるので、適宜選択すると食材の幅が広がるはずです。魚も鰯でなくても秋刀魚でも鯵でもよくて、要は青みの魚を意味します。ただ食事も私の専門ではないのでこれでやめて、専門にしているライフスタイルの問題に移ることにしましょう。

一九九〇年代の半ばにそれまで数十年間続いてきた「高齢者神話」が少しずつ壊れ始めました。日本で「敬老の日」が制定されたのは一九六六年ですが、年に一日そのような国民の祝日を作った程度では、社会意識に残る「高齢者神話」はびくともせずに、九〇年代まで強く残っていました。

表1-7　高齢者神話

1. 老化は年齢で決まる
2. 高齢者は健康を害している
3. 高齢者は非生産的である
4. 高齢者の頭脳は若者のように明敏ではない
5. 高齢者は誰も同じようなものである
6. 高齢者は恋愛や性に無縁である

出典）金子『社会調査から見た少子高齢社会』95頁。

表1-7のような「高齢者神話」から、「歳をとったら恍惚になる」と理解する人が増えてきたのです。この呪縛により、「惚け老人」や「寝たきり老人」の介護や支援という問題が最優先され、行政はこれ

に最大限の予算をつけ、研究者はこの問題ばかりをテーマにしていました。

しかし、高齢者が時代の中でのマイノリティではなくマジョリティになった一九九五年頃から、「神話」や「恍惚」の呪縛が消え始めました（金子『高齢社会・何がどう変わるか』）。これまでの三〇年間、誰も具体的には証明しなかったのに、たとえば歳をとったらみな同じだとか、老化の程度は年齢だけで決まるとか、高齢者はみな病気がちだとか、高齢者は非生産的であるなどの言説が、まったく証明抜きに一人歩きをしていたのです。俗にいうと「もう歳だからあなたは」といわれると、「それもそうだから」といって引っ込まなければならない雰囲気が、日本社会全体に広がっていました。

いわゆる「老人問題」は今風にいう認知症や寝たきりから派生する重要なテーマですが、洋の東西を問わず高齢者の中では一五％程度の発生率です。逆に自力生活者は高齢者の八五％を占めます。他人の手を必要とする介護保険の要支援から要介護五までの評価をもらう人が一五％いるのは日本だけではないようで、ヨーロッパ諸国でもアメリカでもオーストラリアでも、だいたい自立八五％と要介護一五％に分離します。

産業社会や都市社会における高齢化の全体像（私は「都市高齢社会」と命名しています）を私は研究していたので、歳をとればみな病気になるとか、生産的ではないという言説は、新しい差別だと思っていました。実際に一九九五年を転機として「恍惚」史観で高齢者を捉える考え方は間違っているという見方が多く出始め、表1-7の「高齢者神話」は一〇年がかりでほぼ消滅したようです。

私が二〇〇二年前後に全国で六千人の高齢者を対象にした調査からも、「新しい高齢者イメージ」

が広がり、四番目「明敏さ」を除くとだいたい高齢者にも否定されるようになりました。歳をとったら自動的に高齢者になるわけではありませんし、高齢者は健康を害しているわけでもありません。高齢者には生産的な力量がたくさんあるのです。高齢者にももちろん個性があり、この四つを日本の高齢者の男性女性合わせて七割以上が受け容れていました。

ただ「高齢者は若者のように明敏ではない」は、大いに同感されるようです。二〇歳女子学生と七五歳女性では、記憶力もやっぱり違うと高齢者も納得します。

いちばん厄介なのは六番の恋愛や性の問題です。これは年齢に応じても、健康状態によっても変わってきます。元気な男性はもちろん無縁ではないと回答する。元気な女性では、無縁であるという方と無縁でないという方とが半々になっています。

ここにはジェンダーの差が出ています。病気がちな人は男性も女性もそれに無縁であるという回答が多いようです。特に女性で病気がちであれば、性には無縁であるという傾向があります。男性の場合は病気であってもまだ無縁でありたくないと考えています。そのあたりは、ジェンダーの問題と健康の問題が、微妙にクロスするように思われます。

しかしながら、長い目で見てみると、数十年続いた「高齢者神話」は確実に終わったといえるので、今後は新しい高齢者イメージを創造することが課題になるでしょう。これまでの調査から、私は以下の三原則、すなわち、高齢期に到達しても

1　もう終わった、舞台が変わった、と思わない

2　周囲の出来事に無関心にならず、何かに「こだわり」を持つ

3　こだわりを希望に変える

を提唱してきました。

まず、自分の時代は終わったと見なしてはいけません。ただし、自分の時代が終わったとは思わないが、自分が主役であるとも考えないほうがいいでしょう。これに適した表現は「相談役」です。自分はもはや舞台の主役ではないけれども、名脇役としてずっと死ぬまで務めることはできるという認識です。

次に「こだわり」を分類すると、金、健康、付き合い、趣味、得意などに分けられます。そのこだわりを日常的に守り、達成感を得るための目標にしましょう。そのためには、ライフスタイルとして周囲の出来事に無関心にならずに、何かに関わりを持ったほうがいいでしょう。通常、健康な高齢者は、お金、身体と精神の健康、親しく付き合う相手、趣味、得意などに分類できる五種類の「こだわり」を持っています。

さて、元気な高齢者のライフスタイルは表1-8のとおりです。まず、自分の力で生きていきたいのでしょう。その意味で、従来の高齢者対策というのは介護に偏っています。自分の生き方としては、家族や他人に同情されたくはありません。人や器具の世話になりたくもありません。

表1-8　高齢者共通のライフスタイル

1. 自分の力で生きていきたい
2. 高齢者対策は介護に偏りすぎである
3. 家族や他人に同情されたくない
4. 人や器具の世話になりたくない
5. お金だけでは暮らしに潤いがない
6. 不満を叫んでも，社会は変わらない

出典）表1-7と同じ。133頁。

お金だけでは暮らしに潤いがないようです。お金は必要だけれどもそれだけではつまらないのです。また不満を叫んでも、社会は変わりません。これらは私が調査票で作成した項目ですが、こういう生き方を共通項として選択する高齢者が多いようです。

この延長線上に高齢者なりの社会参加活動があります。どういう形で行われるかというと、いくつになっても働いていたい、まだ色気を捨てていない、なんでも人や社会のせいにしたくない、多くの友だちを持っている、お金を持つことが安心、高齢者向けのサービスは嫌い、自分の技術経験を次世代に伝えたい、などにまとめられます。収入は二の次で、現役で仕事をしたいのです。

表1-9　社会参加のライフスタイル

1. いくつになっても働いていたい
2. まだ色気を捨てていない
3. なんでも社会や政治のせいにしない
4. 多くの友だちを持っている
5. お金を持つことが安心だ
6. 高齢者向けのサービスは嫌いだ
7. 自分の技術経験を次世代に伝えたい
8. 収入は二の次で，現役で仕事したい

出典）表1-7と同じ。136頁。

これからの時代の高齢者にとって、表1-9のようなライフスタイルは非常に意味があります。とりわけ強調されるのは、「いくつになっても働いていたい」、「多くの友だちを持っている」など、いろんな意味で現役志向が強いところです。

社会全体も高齢者に対してそれを期待していますし、社会の一員であると高齢者本人も感じているし、まわり全体も思っています。そのデータは表1-10にあります。二〇歳以上七九歳までの人に尋ねた内閣府の発表によるこの「担い手」調査結果は興味深いものでした。

表 1-10　高齢者も社会の支え手・担い手

1. そう思う (88.5%)
2. そうは思わない (8.0%)
3. 分からない (3.5%)

出典）内閣府政府広報室「高齢社会対策に関する特別世論調査」(2005 年 9 月実施，全国 20 歳以上 3000 人，1896 人が有効回収，有効回収率 63.2%)。

高齢者は社会の担い手であるという回答が、国民全体の九〇%に達しています。その意味で、高齢者は自立を求めながら、社会の担い手としての余生を暮らせるようなライフスタイルを作り上げる時代になったようです。

誰にとっても高齢期は人生八〇年の最後に残された二〇年です。ここでの留意点は

1　喪失体験が頻繁になる
2　去っていくものにしがみつかない
3　競争相手ではなく、相談相手に徹する
4　何を知っているかから、誰を知っているかで相談に応じる

などが挙げられます。喪失体験はつらいが、体験できることはまだ自分が生きている証であると考え直して、逝去した家族や友人・知人の分まで生きることです。

日本語の「去るものは日々に疎し」も英語の“Out of sight, out of mind.”それにフランス語の“Loin des yeux, loin du cœur.”も同じであり、これはどこの国でも真実のようであり、高齢期では風に吹かれるままの生き方がいちばんいいようです。

それには「老いは考なり、考は老いなり」がふさわしいでしょう。これは大漢和辞典からの知識ですが、そこでは「考」と「老」は実は同じになっていました。西暦一〇〇年頃に出された「説

文」という一種の辞典の中に、「老いは考なり、考は老いなり」という言葉が書いてあります。「考」とは男が歳をとって背中が曲がった状態なので、両者は同じことを意味します。ただし大事なことは記憶力ではなく、「考」は判断力や調整力など高齢者にふさわしい能力のことを含みます。

そこで英語でもoldを調べると、古いや歳とったという意味以外に、wiseに象徴される賢いという意味があることに気がつきます。それはオックスフォード英語辞典などの大きな英語辞典に書いてあります。万国共通というか、文明の中で人類が培ってきた知恵として、歳をとったら惚けるではなくて、歳をとったら思考力や判断力や調整力が出てくるということは、漢語でも英語でも似たような認識にあるといわざるを得ません。

人生最後の二〇年間は、闘うというよりも人と関わる時期です。身近な人の話相手になり、得意、趣味、付き合いなどの面で、体力気力を維持することを心がけたほうがいいでしょう。これが「老いは考なり、考は老いなり」の二〇年間にふさわしい生き方です。それまで他者のために尽くしてきたのだから、最後の二〇年くらいは本気で自分のために時間を使うと主張しようではありませんか。

【参考文献】
金子勇『都市高齢社会と地域福祉』ミネルヴァ書房、一九九三年
金子勇『高齢社会・何がどう変わるか』講談社、一九九五年

金子勇『地域福祉社会学』ミネルヴァ書房、一九九七年
金子勇『高齢社会とあなた――福祉資源をどうつくるか』NHK出版、一九九八年
金子勇『社会学的創造力』ミネルヴァ書房、二〇〇〇年
金子勇『都市の少子社会』東京大学出版会、二〇〇三年
金子勇『少子化する高齢社会』NHK出版、二〇〇六年
金子勇『社会調査から見た少子高齢社会』ミネルヴァ書房、二〇〇六年
金子勇『格差不安時代のコミュニティ社会学』ミネルヴァ書房、二〇〇七年
金子勇『社会分析』ミネルヴァ書房、二〇〇九年
金子勇『吉田正――誰よりも君を愛す』ミネルヴァ書房、二〇一〇年
金子勇『コミュニティの創造的探求』新曜社、二〇一一年
森岡清美『発展する家族社会学』有斐閣、二〇〇五年
永山久夫『一〇〇歳食入門』家の光協会、二〇〇〇年
T・パーソンズ、R・F・ベールズ著、橋爪貞雄ほか訳『家族』黎明書房、一九八一年(Parsons, T. & Bales, R. F., 1956, *Family: Socialization and Interaction Process*. Routledge and Kegan Paul.)
清水盛光『家族』岩波書店、二〇〇七年(初版一九五三年)
矢野恒太記念会編『二〇〇九／二〇一〇日本国勢図会』同記念会、二〇〇九年
M・ウェーバー著、出口勇蔵訳「職業としての学問」『世界思想教養全集18　ウェーバーの思想』河出書房新社、一九六二年(Weber, M., 1919, *Wissenschaft als Beruf*.)

第二話　〈老い〉を考える
——仏教の立場から

藤井教公

一　平均寿命は延びたけれど

最近、「アンチエイジング」という言葉がはやっています。抗老化、あるいは抗加齢というのでしょうか、これがビジネスの種にもなっているようです。商魂たくましい産業界では、若返りのための薬などさまざまなものを発売してきていますが、はたしてそれがわれわれにとってどういう意味を持っているのか、ということを仏教の立場から考えてみようと思います。

私もすでに還暦を過ぎましたが、自分が六〇歳になったときに思ったのは、昔の六〇歳というのは今の自分よりもっと完成されていたのではないか、ということでした。自分で六〇歳という年齢を刻んだものの、はたしてそれだけの人間になっているのだろうか、どうも一〇年くらい成長が遅れているのではないか、そういう気がしたのです。

私が子どもの頃には、六〇歳の人というとたいしたお年寄りという意識がありました。けれども、今は違うのですね。どうしてかというと、私たちの平均寿命は確実に延びています。日本はかなりの長寿国です。生き物の寿命が延びると、それに対して発達の速度も遅くなります。ですから平均寿命が一〇年延びたとすると、精神的な発達が一〇年分遅くなっていることになります。つまり同じ年齢ならば昔の人のほうがより成長していたということになります。

肉体の発達と精神の発達は比例するといいます。これは生物の寿命を扱った本川達雄『ゾウの時間ネズミの時間――サイズの生物学』（中公新書、一九九二年）という本に書かれています。ゾウとネズミの寿命を比べたときに、ゾウは長生きしますがネズミは早く死にます。ところが両者に共通することがある。それは生まれてから死ぬまでの心臓の鼓動がどちらも一億回なのだそうです。それだけネズミの心臓の拍動のほうがゾウより早くて、どちらも一億回カウントすると死を迎える。ということはゾウの時間のほうがネズミの時間より数倍ゆっくり経過しているということです。これが同じ種の昔の人間と今の人間で比較できるかどうかはわかりませんが。

ただ、平均寿命というものはあまり個々の人間の寿命に当てはまりません。昔の平均寿命が五〇歳そこそこであったのは、長生きの方もいらしたのに、幼児の死亡率が非常に高かったから平均するとそうなるのです。けれどもかつては栄養事情がよくなかったし、医療の体制もよくなかったから、人の寿命はたしかに短かった。概して江戸時代くらいまでは、人生五十年というのは、当時の人々の意識にはあったようです。

人間つまりホモ・サピエンスという種の最大限の寿命は、医学的には一二〇歳くらいだそうです。ただしそれは途中で何もいじらない場合の寿命で、もしもいろんなパーツを取り替えて、くたびれた臓器を新しくしたら、その限りではないでしょう。

京都大学の山中信弥さんのチームが、われわれの皮膚細胞からいろんなものに分化できる万能細胞をつくりだしました。iPS細胞とか人工多能性幹細胞などといわれます。心臓の具合が悪くなれば、iPS細胞を心筋細胞に分化させてそれを培養して心臓をつくることができるようになるのです。

われわれの身体は、ほんの一つの受精卵から細胞分裂をしてここまでになりました。その過程で心臓だとか肺だとかさまざまなものに分化していったわけです。もとは一つなのが分化してそれぞれの組織をつくりだす能力が、この細胞には具わっているのです。だから万能細胞が得られればそれの人固有のものをまた同じようにつくることができるわけです。今の臓器移植と比べると夢のような治療ですね。自分の細胞ですからまったく拒否反応はないので、免疫抑制剤の必要はないわけです。そういうことで世界は躍起になって実用化に向け研究を重ねているのです。

二　自身の年寄り観の反映が

ところで、そうしたことが実現して、人生の途中で臓器の取り替えができるようになると、寿命が延びます。延びて良いのかどうかは難しい問題です。長生きして寿命が二百歳くらいになってしまうと、社会が滞ってしまう。ある程度の新陳代謝がないと、この世の中が混乱の極みになってしまうかもしれません。そうなるとわれわれは早くあの世に行くことを期待される場合もありえます。そうしたことも含め、今日の老いというのは大きな問題です。私自身も他人事ではなく、ひしひしとわが身に感じているわけです。

米国では、「サクセスフル・エイジング」ということがいわれているそうです。直訳すれば「成功加齢」。日本ではなじみがないかもしれませんが、老いた状態でその生を終えない、生涯現役でいる、いつまでも元気でいて、死ぬときはポックリというのが、このサクセスフル・エイジングです。これは結局、われわれの元気な状態を死ぬときまで引き延ばすというアメリカ的な発想です。

これはいわば「アンチエイジング」と一緒です。老化をストップさせるという考え方で、逆にいうと老いた自分に直面したくないということなのです。いつまでも若い自分でありたい、アメリカではそういうエイジング産業が盛んで、日本はその余波を受けて、いま話題になりつつあります。「PPK運動」というのを聞いたことがありますか？　PPKとは「ピンピンコロリ」だそうです。

最初に長野県で興ったらしいのですが、ＰＰＫとなるためにどんなことを実践したらよいか、その実践方法がいろいろ紹介されています。まさにアンチエイジングと同じことで、新しそうに見えて実は昔から「ポックリ寺」などの別名がある寺で「ポックリ」逝くことを祈願するというのがありました。

ポックリ願望にもいろいろな事情があります。家で看とってくれる人がいないとか、あるいは家族に迷惑をかけられないということが背景にある。これは上野千鶴子氏の「向老学のススメ」という平成二〇年九月の学士会館での講演録を読んで知ったのですが、東京都老人総合研究所というところがありまして、老いについてのさまざまな研究をしています。インターネットのホームページもあります。ここでお年寄りにいろいろアンケートをして統計をとっていまして、この中で驚くべきことがわかりました。

高齢者は、自分の老いや衰えを認めたくないという気持ちが根底にあるというのです。なぜかというと、悔しい、ふがいない、情けない……これはマイナスの気持ちですね。つまり今の自分自身、老いた自分自身を否定するという気持ちを多くの人が持っているということです。さらに驚いたのは、それは自分自身が若い頃から持っていた価値観を今に反映させたものだというのです。自身が若いとき、年寄りについて厄介者であるとか迷惑に思ってきたという自分の価値観をそのまま持って、老齢になった自分自身が老いたことが許せないのだという。なるほどそうかと思いますが、自分自身が若い頃、年寄りに対してどう思ってきたか、そういう気持ちが反映されるというのですね。

私についていえば、自分の親が老齢になりましたがまだ生きています。親孝行らしきことは何ひとつしてきませんでした。私事で恐縮ですが、私は一二歳で両親と別れまして、寺へ小僧に入ったのです。私の師匠夫妻が私をずっと面倒見てくれまして、師匠は先年亡くなりました。自分の生みの親は静岡県にいて、私は今は札幌にいますので、数年に一度会えばよいほうでした。

つい最近、実の母親に数年ぶりで会ったのです。母親は腰椎を痛めたとかで、腰が曲がっているのですね。ステッキを突いて、私もちょっと見るにしのびない感じで申し訳ない気持ちになりました。これを先ほどのことに重ねて考えますと、今の私自身には、親不孝しているという気持ちがあって、そのうえで母親の痛々しい姿をしのびなく思っている。そうするとやはり自分自身がもっと年をとったときに、自分を惨めで見るにしのびないような状態と思うのではないかという気がして、私は愕然としたのです。

若い頃にお年寄りを厄介者扱いし迷惑視していると、いざ自分自身が年をとったときに、自分を厄介者とみんなは思っているだろうと考えるようになるだろうという。それを全部そのとおりだと肯定するつもりはありませんが、おおむね当たっているのではないかと思います。仏教でいうところの、因果はめぐるというものでしょうか。

三　老いをプラスで捉える

昔はお年寄りがもっと尊敬されていたような気がします。これについては、老いに対する学問、これを「死生学」と最近ではいっていますが、この分野の本が何冊も出ていて、興味深い分析がされています。それらの知見によれば、老人の地位は近代化の程度と反比例する、近代化が進めば進むほど、老人の地位は低くなるというのです。

それから、一カ所に定住し移動しない生活を送っている集団では、お年寄りの地位が高い。文字を持たない社会もお年寄りが大事にされるということです。これはおそらく高齢者が自分の有用な経験を若い人たちに伝えることができるからだと思います。財産を持っている老人は地位が高い。これはわかりやすい事実です。「金は力なり」ですね。つまり早くから子どもに財産を譲ってはだめだということです。早々と財産分与をして子たちに感謝されるかといえば、時を経ずして軽んじられるようになる例が多い。死んでまでお金を持って行くわけにはいきません。しかし渡し時というのが肝心だということです。

ここ最近の学問研究の中で「向老学」という分野も生まれました。今まで申し上げてきた、サクセスフル・エイジングやPPK運動というのは、年をとることがふがいないとか情けないとか、申し訳ないとか他人に迷惑をかけるとか、そういうマイナス面で捉えています。向老学はそうではなくて、老いをプラスに思う考え方だといいます。

名古屋市緑区に事務局がある日本向老学会(会長・武村泰男氏)は、老いとはどういうことなのか、質の良い介護とは何か、自分が老いて介護をされる当事者となった場合にどういった心掛けが必要なのか、介護してくれる人に対してどう接したらいいのか、などといったことを研究し、発表する会です。学会誌として『日本向老学研考』を出しており、設立に尽力した高橋ますみ氏は『老いを楽しむ向老学』（学陽書房、二〇〇三年）という著書も出されています。

自分が介護を受ける場合には、プライドを持てといいます。介護する側が介護する人を子ども扱いして言葉遣いなどもそうなっているのをよく見かけますが、あれは良くないと思いますね。人間としての「誇り」に思いを致さねばなりません。

われわれにとって死はやがて訪れる切実な問題です。私は鈴木英治『植物はなぜ五〇〇〇年も生きるのか』（講談社ブルーバックス、二〇〇二年）という科学エッセイの本を読んで、ハッと気づかされたことがあります。淡々と書いてある記述の中に、生物の「個体の死」というのは、すでに生物そのものにあらかじめプログラムされ、セットされたものだとあったのです。

もともと死というのは、最初からあったのではなく、生物進化の過程で生まれてきたものだといいます。

たとえば、単細胞生物のアメーバーは一つのものが二つに分裂する。二つのものがまた四つに増える。分かれただけならば、前のものが死んだとはいいきれません。「死」を個体の死に限定すると、「死」は生物が有性生殖をするようになって初めて出現したといいます。単細胞生物でも有性生殖をすると、新しい個体が生じますが、それを生み出した雌雄二つの細胞は消滅してしまいます。これが「死」の起源だといいます。

おおかたの生物は雌雄があって子孫を産みます。どうして性の区別を設けたかというと、環境の変化などに対して立ち向かえるよう多様な遺伝子を作り出すためだといいます。進化の過程で遺伝子が同一だと、環境が変化したときにみな一斉に死んでしまう。しかし多様な個体があり多様な遺伝子があると、環境の変化に対応できる。そうやって次から次に世代交代していく。その間に突然変異も起こり、遺伝子もますます多様化してゆき、よりいっそう種としての環境適応の巾が広がるというのです。その代わりに、生物はこの雌雄が分かれたときに、死というものが初めてプログラムされ、「死」は生物の必然として登場したというのです。

四　釈尊は不死を得た

では、私たちの過去の人はどういうふうに老いを受けとめてきたのか、これを仏教の立場から見ていきましょう。

仏教は「十二縁起」ということを申します。われわれの苦を生老病死の「四苦」、つまり、生まれること、老いること、病気になること、そして死ぬことだと分析します。その苦の、よってきたるものは何かを問い詰めていくと、「無明」ということに突き当たる。それを順に十二の項目によって説明したのが十二縁起です。仏教では、究極の苦を老いることと死ぬことと捉えているのです。

苦というのは、個々人にとって苦しいとか、客観的に見てどうとかいうことではなくて、人間である以上、誰もが平等に自分の身に受けとめなくてはいけないものです。その苦、つまりわれわれが老いること死ぬことを克服する方法はあるのか。そしてそれは達成できるのか。それがお釈迦さまが求めたものであり、得られた悟りでした。

お釈迦さまは自分が「不死」を得たとおっしゃっています。不死の原語はアムリタで、「不死の飲料」という意味もあります。これは「甘露」とも漢訳されますので、仏の悟りの表明は「甘露の門を開いた」とも表現されています。

お釈迦さまは悟りを開き、苦を克服した。ではお釈迦さまはもう病むことはないのか、老いないのか。決してそうではなくて、病は苦である、あるいは年をとること、死ぬことは苦である、それを苦と思うことから解放されたというのです。われわれの肉体は変化しています。赤ちゃんからだんだん成長して、日々変化し続けています。その変化は人間という生物である以上は逃れることはできません。それをわれわれは苦だと思っています。そこをお釈迦さまは克服された。これを不死と表現されたのです。

お釈迦さまはわれわれに対してこんな言葉を残しています。原始仏典の『ダンマパダ（法句経）』から書き抜きますと、

（一五〇）　骨で城がつくられ、それに肉と血とが塗ってあり、老いと死と高ぶりとごまかしと

がおさめられている。

（一五一）　いとも麗わしき国王の車も朽ちてしまう。身体もまた老いに近づく。しかし善い立派な人々の徳は老いることがない。善い立派な人々は互いにことわりを説き聞かせる。

（一五二）　学ぶことの少ない人は、牛のように老いる。かれの肉は増えるが、かれの知慧は増えない。

（中村元訳『ブッダの真理のことば　感興のことば』岩波文庫、一九七八年）

われわれの苦の現実としての老いをこういうふうに表現しています。なかなか手厳しいですね。これに続いて、われわれの肉体を家にたとえて、この中にわれわれの精神が入っているといっています。ここでは輪廻というインドの考え方を踏まえて、われわれは輪廻の結果、生まれ変わり死に変わりして、次の肉体を得る。そこには輪廻する自分、この「我（アートマン）」というものがあって、今度はこういう格好の肉体をとる。その肉体が家だというわけです。

しかし、仏教ではこの「我」を否定します。この世の中は無常であり、そういう変わらない「我」などはないのだというわけです。霊魂も仏教では否定します。では、何が生まれ変わるのかというと、のちの大乗仏教の唯識の教理学では、われわれの潜在意識として「阿頼耶識（アーラヤ識）」というものを立てます。肉体が滅びても個人の行為の結果として眼には見えない業の種子が集積して残り、これが因となって次の生があり、新しい阿頼耶識がスタートする。阿頼耶識とはこの業の集合体のことをいいます。業の集合体は常に変化していますから常恒不変の「我」ではありません。今ここではこれ以上は立ち入りませんが、単純に家屋がわれわれの肉体のことだと了解してください。そういう家を捜し求めて生涯を繰り返すのは苦しい。だからこの生死輪廻から脱しようといいます。このようにです。

（一五三）　わたくしは幾多の生涯にわたって生死の流れを無益に経めぐって来た、――家屋の作者をさがしもとめて――。あの生涯、この生涯とくりかえすのは苦しいことである。

（一五四）　家屋の作者よ！　汝の正体は見られてしまった。汝はもはや家屋を作ることはないであろう。汝の梁はすべて折れ、家の屋根は壊れてしまった。心は形成作用を離れて、妄執を滅ぼし尽くした。

（一五五）　若い時に、財を獲ることなく、清らかな行ないをまもらないならば、魚のいなくなった池にいる白鷺のように、痩せて滅びてしまう。　　（同上書）

汝の正体を見たというのは、変わらない自分などないというお釈迦さまの悟りです。「無我」ということです。「我」という正体が見られてしまった以上、もはやそれが家屋という肉体を形成することはない。こういうものは本来ないのだとわかって清らかな行いを実践しなければ、魚のいなくなった池にいる白鷺のように痩せて滅びてしまうだろうといっています。

五　老いた身を気にかけない

さらにもっと切実で具体的な記述が、お釈迦さまの晩年の様子を伝える経典にあります。原始仏典の『マハーパリニッバーナ・スッタンタ』、漢訳では『大般泥洹経』といいます。ここには人間味あふれたお釈迦さまの姿があります。お釈迦さまが八〇歳になって、ご自分の死期を悟られたのでしょうか、ご自分の生まれ故郷をめざして旅をされます。アーナンダら少ないお供を連れて、てくてく歩いていく。お釈迦さまは途中で病気になって、とうとう目的地に着く前に亡くなってしまいます。その死に至る描写を引用しますと、

さて尊師が雨期の定住に入られたとき、恐ろしい病が生じ、死ぬほどの激痛が起こった。しかし尊師は、心に念じて、よく気をつけて、悩まされることなく、苦痛を堪え忍んだ。(中略)

「……アーナンダよ、私はもう老い朽ち、齢をかさね老衰し、人生の旅路を通り過ぎ、老齢に達した。わが齢は八十となった。例えば古ぼけた車が革紐の助けによって、やっと動いて行くように、恐らく私の身体も革紐の助けによってもっているのだ。しかし、向上に努めた人が一切の相をこころに留めることなく、一部の感受を滅ぼしたことによって、相の無いこころの統一に入って留まるとき、そのとき、かれの身体は健全(快適)なのである。

それ故に、この世で自らを島とし、自らをたよりとして、他人をたよりとせず、法を島とし、法をよりどころとして、他のものをよりどころとせずにあれ。……」

（中村元訳『ブッダ最後の旅』岩波文庫・第二章23〜26、一九八〇年）

インドの雨期は河川があふれて道がなくなり、伝染病がはやるなど旅に不向きな季節なものですから、仏教教団は三カ月近くを一カ所に留まって過ごします。これを安居といいます。そのあいだにお釈迦さまは病気になりますが、なんとか恢復され、弟子たちに向かって説法をします。「自分の身体はもうボロボロだ、けれどそんな状態を気にかけない、そうすれば我が身は健全なのだ」と。自分の状態がどうだなんて思わないようにしなさい。これは意識の改革ですね。それをお釈迦さまはできるわけです。そうすれば彼の身体は健全なのだという。この場合は肉体というよりむしろ心も含めた身体でしょうね。

「自らを島とし……」の一節はお釈迦さまの遺言だといわれています。この島というのは、河の中の中洲のことです。滔滔たる大河の中にあって、唯一の安全な場所としての、拠り所の喩えでしょう。「島」は「燈明」とする経もあり、この一節は「自燈明、法燈明」という表現で知られています。

六　正覚者は寿命を自由に決められる

『大般泥洹経』には続いて興味深いことが書かれています。

アーナンダよ。いかなる人であろうとも、四つの不思議な霊力(四神足)を修し、大いに修し、(軛を結びつけられた)車のように修し、家の礎のようにしっかりと堅固にし、実行し、完全に積み重ね、みごとになしとげた人は、もしも望むならば、寿命のある限りこの世に留まるであろうし、あるいは、それよりも長い間でも留まることができるであろう。（同上書、第三章3）

この四つの不思議な霊力とは、瞑想の際に、すばらしい瞑想をしようという意欲、そして努力、それを考え、観察すること、この四つです。これをしっかり実行し、成し遂げた人というのは、これはお釈迦さまのように悟った人のことをいいます。この引用文の後続の部分では、「修行を完成した人(如来)」について同じことがいわれます。

右の文で、もしも望むならば、寿命のある限りこの世に留まるであろう、というのは当たり前だと思われるかもしれませんが、われわれが与えられた寿命を生ききっているかというと、むしろそうでないことのほうが多いでしょう。病気であるとか、あるいは事故であるとかで、本来与えられた自分の寿命をなかなか全うできない。しかし、修行完成者、悟った人ならば、寿命のある限りこの世に留まることができるし、あるいはそれより長いあいだ留まることもできるというのです。要するに、自分の意思で自分の寿命を決められるということです。これはわれわれにとってはとても信じられないことですが、お釈迦さまはそうおっしゃっています。ところが、

若き人アーナンダは、尊師がこのようにあらわにほのめかされ、あらわに明示されたのに、洞察することができなくて、尊師に対して、「尊い方よ、尊師はどうか寿命のある限り、この世に留まってください。幸いな方〔=ブッダ〕は、どうか寿命のある限り、この世に留まってください。——多くの人々の利益のために多くの人々の幸福のために、世間の人々を憐れむために、神々と人々との利益のために、幸福のために」といって尊師に懇請することをしなかった。それは、かれの心が悪魔にとりつかれていたからである。（同上書、第三章4）

とあります。お釈迦さまは三回、アーナンダに同じことを言われたのです。悟った者は自らの寿命を延ばすことができるのだと三回同じことを伝えられた。それなのにアーナンダは、「では、お釈迦さま、この世にもっと留まってください」とは言わなかったのですね。それでお釈迦さまはもうそれ以上言うのをやめて、そのときやってきていた悪魔に、私は今から三カ月後に入滅しようと約束をされたというのです。しばらくしてアーナンダは自分のミスに気づいて、お釈迦さまに三回懇

請します。しかしもう悪魔に約束をしてしまったあとなので、それはかなわないのです。

そんなわけですから、お釈迦さまが亡くなったあとでアーナンダが教団の後継者マハーカッサパや仲間からさんざんに責められます。お前はなぜあのとき、お釈迦さまに対して、もっとわれわれのためにこの世に留まってくださいと言わなかったのかと。しかしそのときアーナンダは悪魔にたぶらかされていたからだというわけです。そういう伝承になっています。

七　方便としての入滅

お釈迦さまは八〇歳で入滅されました。ゴータマ・ブッダという歴史上の人物がクシナガラで八〇歳で亡くなったのは事実です。八〇歳というのは、二五〇〇年前のインドでは驚異的な長生きだったのではないでしょうか。お釈迦さまが亡くなったことに対して、仏教はそれをどう考えたかといいますと、のちになって「永遠のブッダ」という考え方が出てきます。ブッダの永遠性ということを、残された仏教者は考えたのですね。

われわれはブッダの肉体が永遠などとは思わないでしょう。われわれと同じように肉体を持っていれば、必ず老いていく。先ほどの引用にありましたように朽ちた車のように老いていく、これは否定しようのないことです。しかし、ではブッダの永遠性というのは、何によって保証されるかというと、実はブッダの悟った真理、それが永遠だということに落ち着いてくるのです。そこを経典はどう説いているかを見ていきましょう。

先ほど見たのは原始仏典の『涅槃経』でしたが、大乗経典にも『涅槃経』という名の別のテキストがあります。ここでは書き下して示すと、こうあります。

仏、純陀を賛めたもう、「善哉、善哉。能く如来、衆生に同じて方便して涅槃を示したもうを知る」

（『大正新脩大蔵経』巻一二、614c）

お釈迦さまが、病いをおしての旅の途中、パーヴァー村というところにやってきて、そこで鍛冶屋チュンダ（純陀）という人が、お釈迦さまにぜひとも食べ物をご供養したいと申し出て、お釈迦さまはその供養を受けられるわけですが、その食べ物が原因でお釈迦さまは重病になるのです。経典の描写からすると、おそらく赤痢に罹られたのだと思われます。しかし、それでもお釈迦さまは出発します。途中で、私は疲れたとか、背中が痛いとか、木のそばで休もうとか、水を持ってきてくれとか、いろいろアーナンダに頼みます。そういう経文を読むと、お釈迦さまの人間的側面がよくうかがわれて、ああ実際のお釈迦さまはこういうふうだったのだろうなと思わされます。

そのお釈迦さまが亡くなる直接の原因を作ったチュンダという人は、決して悪気があってそうしたわけではありません。おそらく差し上げた食べ物がいたんでいたのでしょう。しかしお釈迦さまは、自分が病気に罹った原因を作ったチュンダを責めるのではなく、施食供養をしたチュンダを立派だとほめているのです。そのときの言葉がこの引用文です。自分は人々を集めて、教化の手立てとして、亡くなるということを示して見せることができる。お前のおかげだというわけです。

さて、その手立てということをさらに強調しているのが、『法華経』の如来寿量品です。まだお釈迦さまが死出の旅に出発する前、霊鷲山にいらっしゃったときにこの『法華経』を説かれました。そのときお釈迦さまは八〇歳。集まっている会衆に向かってお釈迦さまは信じられないことを言われたのです。

「お前たちは、私が二九歳で出家して、六年間修行して、三五歳のときに悟って仏となり、今に至る四五年間ずっと説法して今に至っていると、そう思っているだろう。実は自分は、はるか昔に悟りを得て今に至っているのだ。無限に近い時間が続いて今ここにいる。これから先も今まで経過してきた寿命の倍以上の寿命があるのだ。そのことを信じなさい」と。

目の前にいるのは八〇歳のよぼよぼのお釈迦さまです。とてもそんなことは信じられないだろうが、ともかくそれを信じろとおっしゃる。そして、仏が入滅するとはどういうことかというと、

衆生を度せんが為の故に　方便して涅槃を現ず。而も実には滅度せず　常に此に住して法を説く。我、常に此に住すれども　諸の神通力を以て　顛倒の衆生をして　近しと雖も而も　見ざらしむ。

（『妙法蓮華経』如来寿量品、『大正新脩大蔵経』巻九、46b、原文の書き下し）

実際に入滅するのではない、手立てのために仮に入滅という姿を現しだすのだと。実際には、ここ霊鷲山に留まって法を説いている、しかしここにいるのだが、神通力によって人々に見えなくしているのだ、というのが如来寿量品の説き方です。

八〇歳で入滅したお釈迦さまというのは、これは「方便」、つまり衆生教化の手立てである。実はお釈迦さまは永遠の命を保っている、と説いたのが『法華経』寿量品の内容なのです。そして次のようにあります。

所作の仏事、未だ曾て暫くも廃せず。是の如く、我、成仏してより已来、甚だ大いに久遠なり。寿命は無量阿僧祇劫なり。常住にして滅せず。諸の善男子よ、我、本、菩薩の道を行じて成ぜし所の寿命、今猶、未だ尽きず。復た、上の数に倍せり。然るに、今、実の滅度に非ざれども、而も便ち、唱えて「当に滅度を取るべし」と言う。如来は是の方便を以て衆生を教化す。

（同上書、42c）

仏事というのは衆生を済度するという仏の仕事、それをやめたことがない。私は成仏してからすでに大変長い時間が経っている。寿命は果てしがなく決して滅することはない。菩薩の修行をして、その結果得た寿命がまだ尽きていないという。今まで経過してきた寿命の倍以上はある。けれども衆生を教化するために今、滅度をとろう、とお釈迦さまはおっしゃったのです。

八　まず臨終の事を習いて後に他事を習うべし

仏の永遠性ということを見てきましたが、ではわれわれはどういうふうにその永遠性にあずかればよいのでしょうか。結局、われわれができることは、老いという意識を捨てることです。それによってわれわれは、肉体は滅びていくけれども、われわれの意識の中から苦を追い出すことができる。それが老いを克服することなのです。

それでは具体的に日本の仏教者たちの老いの迎え方の実例を見てみます。まずは日蓮聖人が五七歳のときに、信者の妙法尼御前に宛てた手紙の一節です。

夫れおもんみれば、日蓮幼少の時より仏法を学び候ひしが、念願すらく、人の寿命は無常なり。出ずる気は入る気を待つことなし。風の前の露、尚譬にあらず。賢きも、はかなきも、老いたるも、若きも定め無き習ひなり。されば先臨終のことを習ふて、後に他事を習ふべしと思ひて、一代聖教の論師・人師の書釈あらあらかんがへあつめて、これを明鏡として、一切の諸人の死する時と、ならびに臨終の後とに引き向へてみ候へば、すこしもくもりなし。

（日蓮「妙法尼御前御返事」一二七八〈弘安元〉年七月一四日）

いつ自分が死んでもいいように、まず臨終のことを準備しておいて、それから他のことをすべきであると。われわれは常に現在を生きていますが、今を生きるのに忙しすぎて、死の準備までなかなか考えることができません。自分の健康に重大な不安を覚えたなどというときに至って、初めてあわてて考えるという具合です。

次に、西行法師はどうでしょう。この人は出家前は北面の武士といって、天皇の警護に当たった武士でした。武芸に優れ、流鏑馬《やぶさめ》の名手であったといわれています。彼は二二歳で出家します。平清盛と同年齢だったといいますが、その西行の歌に、

願はくは　花の下にて　春死なん　そのきさらぎの　望月のころ

これは広く人口に膾炙した句ですが、実は辞世の句ではなくて、亡くなる一〇年前の句です。自分が死ぬときの理想というものを歌ったものですが、あまりに有名ですからさらに解説を加える必要もないと思います。

次にずっと時代を下って、僧侶ではありませんが俳人の松尾芭蕉の句です。『おくのほそ道』は一六八九(元禄二)年三月二七日、今の暦で五月一六日に江戸を立って、東北地方をめぐって岐阜の大垣まで旅をした紀行文です。その冒頭に、

月日は百代の過客にして、行かふ年も又旅人也。舟の上に生涯をうかべ、馬の口とらへて老をむかふるものは、日々旅にして、旅を栖《すみか》とす。古人も多く旅に死せるあり。

とあります。旅の中に死ぬ。さすらいの旅ではありませんが、私は昔、この文章にあこがれて、私の理想はあちこち経めぐって野垂れ死にすることだ、と家内に言いましたら、あなた一人でやってくださいと言われました。一人でそうやって死ぬのは、かっこいいかもしれませんが、それはあなたのエゴだと言われて、へこみました。言われてみればそのとおりなのでしょうが。

これはなにも松尾芭蕉だけではありません。インドでも古代からの理想の死に方なのです。インドでは四住期といって、人生を四つの時期に分けます。一所懸命に勉強をする学生期、家の主として経済活動を行い、子をなし、世俗の人として生きる家長期。林の中に住み瞑想し沈思黙考して過ごす林生期。そして、あっちへ行き、こっちへ行き、旅をして最期を迎える遊行期。古代インドではそういう人生が理想とされてきました。しかしこれは、言うのは簡単ですが、行うは難きことですね。

松尾芭蕉は『おくのほそ道』の旅行から帰ってきて、晩年に養子を失い、自分は引きこもるのです。引きこもったときに書いたのが次の文章です。

あまの子の浪の枕に袖しほれて、家をうり身をうしなふためしも多かれど、老の身の行末を

むさぼり、米銭の中に魂を苦しめて、物の情をわきまへざるには、はるかにましてが罪ゆるしぬべく……（中略）

老若をわすれて閑にならむこそ、老いの楽（たのしみ）とは云べけれ

（芭蕉『閉関之説』）

女性のために身を誤ってしまうことも多いがそれは若い一時のこと。年をとってから欲を出して物の情けをわきまえないほうがはるかに始末がわるいと言っています。年をとったらそれなりに枯れなければだめだということでしょうか。そして、老いの楽しみは何かというと、自分は老いているとか、まだ自分は若いなどということを忘れて、こころのどかにすごすことだ、と言っています。最後に、これも仏教者ではありませんが参考までに、井原西鶴という人は松尾芭蕉とほぼ同年代の江戸初期の浮世草子作家です。その西鶴の感慨は、インドの四住期とほぼ合致します。

人は十三歳迄は弁へなく、それより二十四、五までは親の指図を受け、その後はわれと世を稼ぎ、四十五までに一生の家を固め、遊楽することに極まれり。（中略）

若き時、心を砕き身を働き、老いの楽しみ早く知るべし。

（『日本永代蔵』巻四の五）

四五歳までにやるべきことをなし終えて、その後は気楽に、と言っているのです。老いの楽しみというものを楽しむべきだと。西鶴が『日本永代蔵』を書いたのは四〇歳のときです。昔は人生五

十年という尺度でしたから四〇といえば老年期に入っていたのでしょうが、今の感覚でいえばまだ働き盛り、違和感を覚えざるを得ませんが。

西鶴が言いたかったことは、社会における人としての務めを成し遂げて、これからは自分のための人生、つまりは自分の人生の一番いいときに、老いの立場を楽しむのが理想のあり方だということでしょう。そして、その基盤となるのは、自分が老いているということを意識しないことだと思います。お釈迦さまもそうおっしゃいました。そして芭蕉もそう言っていました。私たちは、「老い」という「とらわれ」から解放されることが大切だと思います。仏教では、とにかく自分が老いたとか、情けないとか、そういう気持ちを捨てろと教えます。これが仏教の老いの考え方なのです。

【付記】本稿は本学での講演後、同様の趣旨で平成二一年五月一五日に在家仏教協会札幌分会で行った講演の講演録（『在家佛教』平成二二年正月号所載）をもとに、それに多少の改変を加えたものである。

第三話　人生の達人とは誰のことか

――魂の徳、信仰そして永遠

千葉　惠

一　はじめに

今回の公開講座において、九人の講師が老いを肯定的に捉え直すという課題に挑戦しております。本日の講義では、この講座の副題である「人生の達人という夢」に焦点を当て、人生の達人とはどのようなひとのことをいうのかを人文学の古典に学びつつご一緒に考えてみたいと思います。その中で自ずと老いをその積極的側面つまり魂の成熟の可能性として理解することができると考えます。老いとは成熟することであり、成熟するとは魂が優れたものになるということにほかなりません。それでは魂の卓越性、徳を人類はどのようなものとして理解してきたのでしょうか。

最初に、みなさんの達人度をお測りしたいと思います。ここで掲げる問診票は主に、人類が生んだ最も明敏な頭脳の持ち主の一人にして、人格的にも優れていたと思われる人生の達人アリストテレスの『ニコマコス倫理学』に基づいて作成したものです。人生の達人度を測る鍵となる言葉は謎めいた表現をお許しいただけるなら、「魂のパトス(感受態)はヘクシス(態勢)のセーメイオン(指標)である」というものです。パトスとはたとえば感情、欲求等受動的な魂の様態です。したがって、パトスは当事者本人に選択の余地なく自然に湧いてくるものです。魂の態勢(心の構え)はパトスにおいて開示されるといわれます。つまり、どのような人生を生きてきたか、つまり各人の実力としての心の構えは、現在のパトスの反応の仕方でわかるといわれます。このパトスに対する「良い態勢」が従来「徳(virtue)」と呼ばれてきたものです。どんなことが起こっても、パトスに引きずられることなく、適切なパトスが適切な時と程度において生起するひとは適切にものごとに対処しうる者であり「有徳者」と呼ばれます。徳には正義や節制、勇気等「人格的な徳」と学問的知識や正しい行為に関わる実践知(思慮)等「認知的な徳」があるといわれます。伝統的にはそれぞれ「聖者」と「賢者」と呼ばれてきたひとたちで、実質的に分離することはできず一人のひとに備わるべきものとされています。たとえば、欲望を差し控えることに喜びを見出すひとは人格的に有徳な者であり「節度ある者」と呼ばれますが、欲求対象である節度ある行為の選択に「それは正しい」と認知的に同意するものが「実践知」です。二つの徳は相補的に機能します。それではみなさんご自身の魂の実力を以下の問診票によりチェックしてみてください。

達人度問診表

○あなたの魂の中に生じてくる「パトス」は歳月とともにどのように変わってきましたか？　欲望を差し控えることにまた自分自身を喜ばせようとしないことに喜びを見出すようになりましたか？

○あなたが自らのパトスとのやりとりの中で形成してゆく魂の「態勢」(心の構え)はパトスと癒着していると思うことがありますか？　それはどんなものですか？

○憎悪等否定的なパトスに基づき行為を選択するとき、魂の態勢は向上しないことを自覚していますか？

○「愛は決して失敗しない」(パウロ)、「愛から遠ざかればすべてから遠ざかる」(パスカル)という言葉の意味を理解していますか？

○あなたの最善の魂の状態はどのようなものですか？

○達人は今を希望のうちに生きているといわれますが、今を生きていますか？

これらの問いにどのように応答されましたか。人生の達人である東西の古の賢者や聖者がこれらの問いに対しどのように考えていたかについて、ご一緒に学びたいと思います。

二　老い

この公開講座に参加されたみなさん一五〇人のうち、最も若い方は二十代後半で最もお年を召した方は九十代前半です。平均年齢は六十代後半です。講師の私どもよりはるかに人生経験の豊かなみなさんを前にして、老いを前向きに捉えるお話をしても説得力を持たないかもしれません。どうですか人生長く生きてみて。老いてますます盛んでいらっしゃいますか。毎日、気分はミケランジェロ！　という雰囲気で創造的な生を過ごしておられるのでしょうか。それとも人生の重荷に疲れたという感じで、どこそこめげているという不如意感の中で過ごしておられるのでしょうか。

老いについて一般に持たれているイメージはどんなものでしょう。厄介者などの否定的なイメージでしょうか。もしそのようにご自身や周囲の高齢者を見ておられるとしたなら、それは単なる思い込みかもしれません。そう感じてしまうパトスは正しい感覚ではないのだと思います。心の構えが変われば、そのようなパトスも変わるとされます。そのような発想が変わる心魂の態勢をここでは探求します。具体的には、老いを人生の完成期と捉える態勢を探求します。年齢を重ねることで新たに体得したもの、そこから自由になったものを数えてみましょう。実際、今の考えのまま、若返ったら、かつて行ったことを決してしないであろうと思われることがらをいくつか枚挙できるのではないでしょうか。外的には不自由になっても、内的には、つまり魂の中はどこまでも豊かなものになりえます。

プラトンの『国家』という作品にソクラテスとケパロスによる次の対話があります。

「ええそれはもう、ケパロス」と僕は言った、「私には、高齢の方々と話しあうのは歓びなのですよ。やがて通らなければならない道を先に通られた方々なのですから、その道が険しい道なのか、楽しい道なのかということを、うかがっておかなければと思います」。……。「ゼウスに誓って、いいともソクラテス」とケパロスは言った、「われわれは、古い諺のとおりに、同年齢の者が何人か集まることがよくあるのだが、悲嘆にくれるのが常なのだ。若いころの快楽がいまはないことを嘆き、女と交わったり、酒を飲んだり、陽気に騒いだり、その他それに類することを思い出しながらね。そして彼らは、何か重大なものが奪い去られたかのように、かつて幸福に生きていたが今は生きてさえいないかのように、嘆き悲しむ。なかには、身内の者が老人を虐待するといってこぼす者も何人かあって、老年が自分たちにどれほど不幸の原因になっていることかと、めんめんと訴えるのだ。しかし、ソクラテス、私には、そういう人たちはほんとうの原因でないものを原因だと考えているように思えるのだよ。……げんに私はこれまでに、そうでない人々に何人か出会っていて、作家のソポクレスもその一人で、私はいつか、彼が問い質されているところに居合わせたことがある。『どうですか、ソポクレス』と男は言った、『愛欲の楽しみのほうは？　あなたはまだ女と交わることができますか？』。ソポクレスは答えた。「よしたまえ、君。私はそれから逃れ去ったことを、無上の歓びとしているのだ。たとえてみれば、狂暴で猛猛しいひとりの暴君の手から、やっと逃れおおせたようなもの」。私はそのとき、このソポクレスの答えを名言だと思ったが、いまでもそう思う気持ちにかわりはない」。

（プラトン『国家』328d-329c［省略有］、岩波書店、一九七九年、藤澤令夫訳に基づき改変）

この対話は紀元前五世紀後半、つまり今から二四〇〇年ほど前の対話です。驚いた方もいらっしゃるのではないでしょうか。老人の虐待など弱い者への暴力は古今東西変わらぬ普遍的な現象のようです。「悲嘆にくれるのが常なのだ」という状況は科学技術が進歩した現代においても同様の受けとめ方が支配的なのではないでしょうか。他方、ソポクレスは「狂暴で猛猛しいひとりの暴君の手から、やっと逃れおおせた」ことを喜んでいます。それが「年のせい」なのか「年の功」なのか意見は分かれるところでしょう。逃げおおせた自由を感じるひとは、以前から逃げたいと心がけ、ほかに関心を持ち続けえたひとなのでしょう。これは若いときからそのような暴君から遠のく習慣づけなしに、決して生起しえなかった喜びでしょう。というのも、ある種の人々は欲望を追求することそのものに恥じらいを感じますが、それはそのひとが持つ人間存在の理解に基づきます。透明な風の中で木々がざわめき、光を浴びて緑色を輝かせ光合成にいそしむ葉のように、宇宙と自然の中で与えられた自らを決して特別視することなく、有機体全体の中の一つの部位として淡々と自らの使命を遂行することが人間であるという自己理解のもとにある人々には、自己を特別なものとして主張することにほかならない欲望の生は正しくないと思えるからです。この問題をここで論じることはできませんが、観念論的加圧と独我論的加圧のもとで自らを特別視する存在論的、認識論的理解から自由にされた場合に、ソポクレスが見出した自己は自然であると思える感覚です。

三　パトスが示す人間類型

アリストテレスは『ニコマコス倫理学』において快や苦というパトスの異なりにより、人間を四種類に分類しています(VII. 1-2, II. 2-5)。ひとつの人間類型は「賢明な者(phronimos)」であり、身体的な感受態(パトス)の反応として正しいなすべき行為を欲求し、そして知性はその欲求に同意するという仕方で、欲望と正しい行為の選択のあいだになんら葛藤のない、選択すべき行為の知識(実践知(プロネーシス))を持つそのようなひとのことです。続いて、「抑制ある者(意志の強い者)」を挙げています。欲望と正しい判断のあいだで葛藤しますが、最終的には正しい判断に基づき行為するひとです。第三は、「抑制のない者(意志の弱い者)」であり、その葛藤の末に、欲望や快楽の促しに負けて行為を選択するひとです。たとえば、ダイエット中のひとは大きな甘いケーキがさしだされると、葛藤が生じます。でも快の誘惑に負けて、食べてしまいます。ただし、そのひとはのちにその行為を後悔するそのようなひとです。最後に、常に目先の快を追求する「放埒な者」が位置づけられています。放埓な者は快追求の確信犯であるために、悔い改めることは一切ありません。

賢明な者についてそのような有徳なひとがいるかについては、たとえばカトリック神学とプロテスタント神学のあいだで激しく争われています。ルターは「人間はウジ虫のつまったズダ袋である」といい、ひとは徳を蓄積することはできずに、善行をなしえたなら、神の恩寵のおかげであると主張しています。ともあれ、実際に四種類の人間が存在するかどうかは別にして、説得的な人間類型の提示であろうと思います。

アリストテレスは感情や欲求などの感受態（パトス）は自然的なものであり、発動の段階で選択の余地がなく、経験、習慣により変化を蒙ると理解しています。彼は「活動に伴う快または苦を諸態勢の指標（態勢を判別するもの）としなければならない」（II. 3）といいます。たとえば、「節度ある者」は「身体的な快を差し控えそしてそのこと自体に喜びを感じる者」のことです。それを嫌がる者は「放埒な者」です（II. 3）。恐るべきことに耐え、それに喜びを感じる者ないし苦痛を感じない者は「勇気ある者」であり、苦痛を感じる者は「臆病者」です。

放埒な者にも程度があり、欲望を感ずることなく「快の超過を追求する者」は強い欲望を感じるがゆえにそうする者よりも「いっそう放埒」であるとされます。この事態に、魂の習性とでもいうべき態勢は、感受態とはある程度独立であり、行為を導くものとして機械的にまた一義的に双方が関係づけられているわけではないことを示しています。ただ年老いて、欲望が生じなくとも快を追求するなら、そのときいわば、若いときからの習い性《しょう》となり、精神が肉となっています。老人になって枯れても追求せざるを得ず、パトスと魂の態勢が癒着している状態です。エッ、何ですって、

「その話を若いときに聞いておけばよかった」ですって。「肉となってこびりついてしまった」ですって。心配には及びません。今から習慣づければ、新たな態勢が形成されることでしょう。シモーヌ・ヴェイユは誘惑を感じたら、「貞淑な婦人のように、決して振り向かず、耳を貸さず、そこを立ち去ることだ」といいます。誘惑を吟味しようなどとしたなら、向こうの思う壺なのだそうです。快に引き込まれてしまいますので、逃げるが勝ち、立ち去る習慣をつけましょう。なお、「遊び好き」は放埒な者であると思われましょうが実は「柔弱な者」です。というのも、遊びは仕事からの休息であるがゆえに、それは「弛緩」という態勢においてあるからです。

　また、怒りっぽさに関しても訓練が必要です。ストア派は罵りを受けたときの処方として、「誰かが君を怒らせるなら、それはただ君自身の観念が君を刺激しているだけなのだ。だから何よりも、君の観念によって、事の最初の瞬間に心を奪われないように努力するがよい」とアドヴァイスしています。ヒルティはこれを真実なものとしたうえで、「侮辱の瞬間に憎悪を心にいりこませてはならない。時をおけば憎悪を克服することは容易になるものである。ところが憎悪が一度巣食ってしまうと、それを根絶するのに骨が折れる。だいたいいわゆる「敵」は、われわれが興奮の刹那にともすれば思い込むほどさほど有害なものではない……また彼らの憎悪が君になんら反応を呼び起こさなければ、その意図のほんのわずかの部分しか実現しえないものである」（『幸福論』I、白水社、一九六四年、五九頁）。このように理性的な対応、習慣づけが求められます。同様に、怒りに対して、キルケゴールは他者への「怒り」は自己への「おもねり」であり、他者へのおもねり（気に入られたい等の)は自己への怒りであると分析しています。ひとは自ら自律し独立したものである場合に、否定的なパトスに引きずられることがなくなるのでしょう。

ひとは生きている限り、態勢とそれに伴うパトスは変化しうるものです。とりわけ高齢化時代、まだまだ人生長いです。一〇〇歳の方と比較して、ここにいる多くの方はまだ三〇年、二〇年また最も少なくとも八年もあるではないですか。習慣化するには十分な歳月です。エッなんですって、「なぜそんな努力をしなければならないのか」ですって。フーム、さしあたり「有徳者のご褒美はそのひとに自然に湧きでるパトスである、慈しみ、憐れみそして喜びのような」と、誰にも頷いてもらえそうな人口に膾炙した言葉で応えておきましょう。

このように、同一の快を追求するにしても、態勢の異なりに応じて人間類型は異なります。ソポクレスは抑制ある者であろうとしていたからこそ、快の追求の感受態から解放されています。それまでに培った態勢が、快の追求に喜びを感じないそのような感受態を養っていたのです。一般的にいえば、どのような事態に喜びや快を感じ、また苦痛を感じるかにより、そのひとの魂の実力ともいえる態勢が知られます。ある種の人々には自分の喜びを求めることに苦痛を感じるようにさえなります。ほかの人々に仕えることにまた、大いなることがらに身を献げることに喜びが湧きます。「汝の過去は汝の現在において知らるべし」という法則が働いているといえます。人生にはごまかしがきかないということでありましょう。

四　ソクラテスは死をどう乗り越えたか

ソポクレスのように暴君からの解放を喜んでおられる方々も多いことでしょう。そのほか、否定的な感情などからの解放を喜んでおられる方々もいらっしゃることでしょう。それでも、一般的に、なぜ老いを否定的なものと考えがちなのでしょうか。それは端的にいって、死が、そして死をもたらす病や衰えが時とともに近づき増してくるからでありましょう。老いとは身近に死がある状態といえそうです。しかし、人生の達人たちはこの死を乗り越えているようです。もしかすると私たちの死に対する言い知れぬ不安や恐れは、いたずらなる思い込みにすぎず、なんら不安がり恐れるべきものでもないのかもしれないのです。この不安を乗り越えた人々がいます。ここではソクラテスとイエスを取り上げてみましょう。

ソクラテスは存在そのものがアイロニー(皮肉)であり、軽佻浮薄な都市にとって、一種の生きた良心の呵責として機能します。何も知らないので、ただそれを知らないといいます。そうすると知っていると思っているが実際には知らない者には、無知を皮肉られていると思えてきます。ソクラテスはのうのうとしている牛(市民)につきまとうアブのようだともいわれ、真理に痺れているシビレエイのようなものだからこそ、ひとを痺れさせるともいわれます。ソクラテスは人生にとって「最もだいじなこと(ta megista)」つまり「善美のこと」について知らないことは、生のあらゆる行為にその最もだいじなことが反映される以上、何も知らないのに等しいと受けとめています。

ソクラテスは友人に囲まれて死を迎えます。遺言としてアスクレピオスに鶏の借りを思い出し、返すようにお願いしています。彼の死にはなんら神秘的なところがありません。ロゴス(言葉、理性)の力への信のうちに生涯ぶれることなく朗らかな生を貫徹しました。彼は正しい者には死を恐れる理由はないと主張します。

裁判官諸君、皆さんも死に関しては希望を持って、次のひとつのことについて、それを真であると考えていただかねばなりません。すなわち、善きひとには生きているあいだも、死んでからも何ひとつ悪いことは起きない。

(『ソクラテスの弁明』41c、田中美知太郎訳、岩波書店、一九七四年)

彼はこの主張の論証を試みます。その論証方法は正―不正、優れたもの―劣ったもの等言葉の意味、含意関係から導出する「ロギコス(形式言論的)な論法」と呼ばれるものです。そこでは、ソクラテスは自らを正しい人間であると主張しているわけでなく、言論の力として誰であれ「正しい者」にはなんら悪しきことは起きないと論じます。いったい「優れた笛吹きは技術の上で劣った笛吹きの影響を受けるか」と問います。これはあらゆる技芸に妥当すること明らかですが、うまい者がへたな者により技術のうえで影響を受けることはないでしょう。それと同様に正しい者は不正な者より勝った者であることは明らかであり、優れた者が不正な劣った者により影響を受けることはないでしょう。

ソクラテスは死について、「死んでいるということは二つのうちどちらか」つまり、夢さえ見ない覚めることのない眠りか、この世から他の場所への引っ越しかいずれかであると主張します。つまり、死は、正しい者には眠りか、あるいはソロンなどほかの正しい者たちとともに楽しく語り合うそのような場を備えるものであるかいずれかであり、悪しきことではありません。したがって、正しい者には死はなんら恐れるべきものではないと語られます。

不眠症などの睡眠不足の方には、深い眠りはどんなに憧れの的でしょう。それが夢さえ見ない覚めることがないとしたら。エッ、なんですって、「目が覚めないんじゃ、しょうがないって」。たしかにそうですね、睡眠不足で悩むのも翌日元気に過ごせないからですものね。明日の来ない眠りは「永遠の眠り」ってやつですね。ともあれ、この世にいるときのような悪しきことが起きないことだけは確かですので、それでよしとしましょう。

ソクラテスはもうひとつの可能性、つまり死が引っ越しである場合について、もうこれ以上善いものが考えられない最善なものとして死を語ります。

他方、かりに死がこの世から他の場所への引っ越しのようなものであり、言い伝えられていること、すなわち、あの世には死んだ人のすべてがいるということが本当であるとすれば、裁判官諸君、いったい何がそれ以上に善いことでありえるのでしょうか。というのも、もしひとは冥土に到着し、……ヘシオドスやホメロスと一緒になれるならば、どれほど金を出しても構わないという人が皆さんの中にもいるのではないでしょうか。……とりわけ最大の楽しみは、この世の人々と同様に、あの世の人々についても、彼らのうちの誰が知者であり、誰がそう思ってはいるものの実はそうではないかを、吟味し、問いただしながら過ごすことです。

(同上書、40d–41b)

こうして、ソクラテスは、死は正しい者には最善のものをもたらすと主張しています。みなさんには説得的に響きましたでしょうか。このように、技術のうえでの巧拙、優劣という関係を魂の全体に関わる正義と不正に適用する議論は「テクネーアナロジー(技術知との類比)」と呼ばれます。言論の力により技術という誰にも明らかなものへの類比に訴えて、死は恐るべきことではないという主張を展開するソクラテスの生に神秘的なところはなく、聡明でさえあればよいと思わされます。知性の人は苦しまないという印象を受けます。諺に「知者は惑わず、勇者は恐れず、仁者は憂えず」とあります。

ここには朗らかな確信があります。死は正しい者にはなんら怖じ恐れるべきものではないことが論証されています。死とは誰もが初めて経験するものです。もちろん、無数の人生の先輩たちが三途の川やレーテの川を渡って行ったことでしょう。しかし、その先がどうなっているのかは、科学的知識のように誰にも同意できる仕方で知られることはありません。目を覚ますことのない、健やかな眠りのような、まったくの無なのでしょうか。それともソクラテスが生前アゴラに座りひがな一日人生の善きものについての議論に費やしたその議論を、正しい人々同士で「最大の楽しみ」として取り組み明け暮れるのでしょうか。宮沢賢治は彼の死の何日か前にこう言いました。

われやがて死なん、今日または明日。あたらしくまたわれとは何かを考える。われとは畢竟《ひっきょう》法則の外の何でもない。からだは骨や血や肉や、それらは結局さまざまの分子で幾十種かの原子の結合。原子は結局真空の一体。外界もまたしかり。われわが身と外界とをしかく感じ、これらの物質諸種に働くその法則をわれと云う。われ死して真空に帰するや、ふたたび、われと感じるや。

（『疾中』『宮沢賢治全集』2、ちくま文庫、一九八六年）

死んだら、私たちは真空に帰するのでしょうか、それとも天国であれ地獄であれ、ふたたびわれと感じるのでしょうか。諺に「最期の三分間に備ふる為に全生涯を用いるの価値がある」とありますが、全生涯を二つのどちらかに賭けて、あるともあらぬとも知りえぬものに備える値打ちはあるのでしょうか。たしかに、ソクラテスに同意し、正しい者には生きているあいだも、死後にも悪しきことが何も起きないのであれば、それは二つに一つの可能性に賭けることにはもはやならず、正しい人生を生きることそのものが、この人生に善きものをもたらす、この人生そのものがとりわけ豊かなものになるというべきでしょう。これには私どもひとりひとりが同意であれ、不同意であれ決断が任されまた迫られていることがらであると思います。

孔子は死後どうなるかの問いに「われ生を知らず、いずくんぞ死をや」と答えました。生を正面から引き受けて、生を知ることを通じてでなければ、死を知ることにはならないという点でソクラテスに近いといえます。ただ、ソクラテスは生についての言論の力だけに基づく知識により死後も善き者には決して悪しきことは起きないと主張している点において、孔子よりも強い主張を提示しています。

禅仏教においては、悟りとは人生にはマジックがないことを知ることだそうです。座ることにより悟りを得ることを期待して山門をくぐる者に、禅師は「ごはんは食べたか」、「掃除はしたか」と聞くのだそうです。マジックを期待せず当たり前の生活ができるようになることが悟りなのだそうです。まさに「一大事と申すは只今この時なり」ですね。この今を大切にし、良い習慣を形成することによって、恐れなどのパトスの生起もそれまでとは変わっていく、そのような仕方において生がそしてさらに死がよく見えてくるもののようです。どうも、私どもはこの人生を正面から引き受けることによってだけ、死の問題を乗り越えることができるということにおいて、古今の達人たちは一致した見解を持っているようです。死を乗り越えるとは、端的には、今を生きることのうちに永遠を摑むことにほかならないのでしょう。

みなさんは今を生きていますか。ビッグバン以来の物理的時間のベルトコンベアの上に乗り、ひとは過去を予期したり、未来を記憶したりすることができないというその非可逆的な制約の中で、心理的時間を生きています。そこでは過去は記憶における現在であり、未来は予期における現在です。感情はすべて現在生じるものですが、怒りや憎しみは過去の事件が現在を支配する仕方で生起します。不安や恐れそして欲望等の情動は未来が現在を支配する仕方で生起しています。それに対して、喜びは最も現在的な感情であり、もし永遠に触れることができるとするなら、もうすでにない過去でも、まだない未来でもなく、今ここの出来事です。喜んでいるひとは現在を肯定していまず。今を生きるとは過去や未来により支配されることなく、現在を正面から引き受けるひとにのみ可能です。喜んでいるひとは時と和解しているという意味において、永遠を生きています。そのひとには死の恐れはありません。

しかし、人格的に立派な人（「聖人」）だけが、そして知性の優れた人（「賢者」）だけが、死の恐怖を乗り越えることができ、凡夫の徒には高嶺の花なのでしょうか。もし死を乗り越えられたら、老いはとりわけ明るいものになるでしょう。

五　信仰の正しさ

ここでは有徳ではない者たちに救いを開いた信仰の達人たちを考察してみましょう。彼らはたとえ立派な行為を生み出すことのない者にも、したがって万人に可能なものとして、信仰による救いがあると主張しました。宗教者たちは、古より親鸞の悪人正機説やパウロの信仰義認論において、最もつきつめた仕方で、ひとが罪穢れのままに、弥陀の慈悲や神の恩寵により救われ、死を乗り越えることができると主張しています。親鸞はもっぱら念仏を唱えるだけで救われるという専修念仏門を唱導しました。彼は「善人なほもて往生をとぐ、いはんや悪人をや」(『歎異抄』)と逆説的なことを語りました。立派な人は信仰なしにも行為により、それぞれの今を正しく生き、救われるでもあろう。信仰が帰属するのにふさわしいのは悪人である。罪悪深重《ざいあくじんじゅう》、煩悩熾盛《ぼんのうしじょう》、極悪最下《ごくあくさいか》、「いずれの行もおよびがたき身なれば、とても地獄は一定すみかぞかし」という告白こそふさわしい。悪人こそ救いの正客である。宗教は自らの救いに絶望した者のとる道だと親鸞は考えました。ただ実際には信仰者として、人間的にいえば、放埒な者から賢明な者に至るまでのあらゆる種類の人間を数えることができます。人類は人格的な成熟および認知的な成熟のどの段階でも持つことができ、平安や喜びそして力を与える信仰心により、すべての人間の究極的な問いである死を乗り越えてきました。信仰とはどのようなものであり、どれほどの力があるのでしょうか。

　信仰は人生のリセット装置として機能してきました。二進《にっち》も三進《さっち》もいかない行き詰まった状況において、ひとは救い出す力ある者に身をゆだねます。しかし、信仰を持つとは確かめえないものを信じ続けることであり、幸いなことではあるが、誤りつまり「幸いな誤謬」なのではないのでしょうか。「鰯《いわし》の頭も信心」であり、信心することそれ自体が尊ばれましょうが、それが正しい信仰であることをどのように知ることができるのでしょうか。どのような条件を満たすことにより正しい信仰といえるのでしょうか。ここでは一般的な考察を提示し、続いて聖書の思想の要点をお話しします。

　信は人格的および認知的実力のどの段階においても生起する、しかも、なんらかの超越的な対象を自らの救済者として承認し、人生の一切をその対象への従順と信実の中で遂行するという意味において、魂の根源的な行為です。そして信は各自の責任ある自由の中での行為ではありますが、「信じる」ことは行為といっても、その対象に影響を与える通常の働きかけとは異なり、その実質は端的な受動です。それは神仏の存在だけではなく、それが創造者、救済者であること、そして贖《しょく》罪《ざい》（代罰による罪の赦し）、永世、仏性等を自らのこととして受け入れます。「信じます。信なき我を憐れみたまえ」という根源的な行為においては、啓示や聖典の教えをそのまま真理であるとして受動します。これは信による認知的次元の行為でありまたその次元の乗り越えであるということができます。感覚や知識が真理にそれぞれの仕方で関わるように、信も啓示や教理を承認し、真として承認します。真理に関わる認知的次元をクリアーしたあとで、信の対象を愛することや裏切らず、信実を尽くすという人格的な次元が開かれます。人格的な我と汝の関係つまり父と子のように我は汝の故に我であり、汝は我の故に汝であるという関係が形成されます。この次元が自然にならないとき、あらためて信の対象を真として受動するその信仰に立ち戻ることが繰り返されるでしょう。魂の根源的な行為としての信は認知的な次元で「信」という語を用いることに別れを告げ、その存在を疑うことのない肉の父と関わるように、霊の父と人格的に信実な関係に入ることです。

神仏への信が魂の根源的な行為であるにしても、「信」という一般的に流通している言語を用いる以上、一般的な共約的な次元で分析されます。「信」を構成するものとして二つの要素①認知的要素と②人格的要素があります。

①正しい信の認知的要素。ひとは知らないからこそ信じるのですが、なんら知識を持たずには信じることさえできないという意味で、信は常に知識との関連で理解されます。知識を規準に信や臆見を位置づけるとき、それらは知識より劣ったものとされます。人格的な関係に前進せず、信仰の認知的な要素を問題にする傾向が強まれば強まるほど、懐疑論や不可知論に陥りがちになります。そのような懐疑論に対して、たとえばパウロは後の日には神と顔と顔とを合わせてあいまみえるという認知的に完全な状態を希望として語りつつ、認知的な要素における信仰は身体を持った存在者という制約にある限り不信の悔い改めを繰り返す、常に途上にあると主張します。ルターは「信じることは信じせしめられることだ」といい、信仰内容は神が恵み深いということである限り、信じることそのものが恩寵の働きであると主張します。このような事情ですので、この次元における正しい信仰は信が新たな知識を生み、そして知識がさらに信を確かなものにするという相補的で肯定的、創造的連鎖から構成されるということができます。

②正しい信の人格的要素。ひとは自らの魂の実力として、人格的態勢のうちにあります。それは心の構えであり、習慣や訓練により形成されます。この態勢はパトスとの関係において良い態勢や悪い態勢として位置づけられます。この次元での信仰は信実や信頼等の我と汝の人格的態勢を形成

します。神への信仰がこの点で正しいものとなるのは、信仰が人格的態勢として当人を信実な者、信頼に値する者とし、パトスとして信実であることそのことの中に感恩の情や喜びを見出すそのようなものであるときです。つまり人格的態勢にこのような成長があるとき、当人の信仰は正しいと語ることができます。

この①と②の要素が相補的に展開される限りにおいて、信は人間的には健全な状態にあるということができます。つまり、信仰が知識を生みまたその知識が人格を陶冶し、その陶冶がさらに信仰を強めまた新たな知識を生むというその連鎖のうちにある限り、ひとは正しい信仰を生きており、その信仰は健全であるということができます。

しかし、これとて立派な人間にだけ信仰を持ちうるということにはならないのでしょうか。それには「否」と答えることができます。信仰は人間の態勢のどの段階においても持ちうるものであり、人間的な立派さは神仏の前での立派さをそのまま意味しないであろうからです。しかし、人間的にいえば、有徳な者や放埒な者がおり、それらを判別できる限りにおいて、信仰の正しさを認知的そして人格的な有徳性の規準のもとに見ることができるということは否定できないでしょう。

六　パウロの信仰義認論

以上の一般的な信仰の分析に続き、聖書の信仰理解、とりわけイエスとパウロの信仰理解を考察し、パウロがこれにどのように応答しているかを見てみましょう。パウロは以上の正しい信仰理解を「人間的なことを語る」ならという譲歩つきで認めるでしょう。彼は一切の人間の行為は神の前で遂行されており、神への言及なしには人間のことは本来的には理解できないとしますが、「肉の弱さ」への譲歩から、信仰についても成長や進歩を問題にする人間的な理解を認めています。「われ汝らの肉の弱さの故に人間的なことを語る」(ローマ書6.20)。「肉」とは身体を持った自然的存在者の生の原理のことを意味します。その「弱さ」とは自らの身体の限界が自己の限界であると考えがちな自然的な次元の人間認識を意味します。この次元とそれを表現する言語を「C」ないし「肉(自然性)の言語」と呼びます。一般的に、日本人はこの肉の言語を絶対なものとしがちなため、信仰を持ちにくいということができます。

他方、パウロはイエスの生は、人間がではなく、神が人間をどのように理解しているかを明らかにしており、そこでイエスにより語られており、また生きられている神との関係において、正しい信仰が啓示されていると主張します。それを彼は「ローマ書」三章で「イエス・キリストの信」と呼びます。これは神の人間認識が啓示される次元であり、このイエス・キリストにある人間とそれを表現する言語を「A」ないし「義人の言語」と呼びます。パウロはいいます。

神の義はイエス・キリストの信を通じて信じるすべての者に明らかにされた。というのも、〔信じるすべての者のあいだに〕何ら差異は存在しないからである。なぜなら、すべての者は、罪を犯したのであり、そして神の栄光を欠いているが、キリスト・イエスにおける贖いを通じてご自身の恩恵により無償で義とされる者だからである。神は彼をその信を通じて彼自身の血において償いものとしてご自身の義の証示のために公に晒したが、それは、先に生じた諸々の罪に対する神の忍耐における軽減を介して、今という好機にご自身の義の証示に向けて、ご自身が義であり、さらにイエスの信仰に基づく者を義とするためである。　（ローマ書3.21-26）

神が義であることの啓示の媒介として「信」が用いられています。「信」はイエス・キリストに帰属した人間イエスと神の信双方を指示しています。神はナザレのイエスが持った自らへの信仰を嘉《よみ》し、油注ぐように聖霊を注ぎ「キリスト(受膏者《じゅこうしゃ》)」として救い主という職務を持った者と定めました。イエスにおいて自らの人間への信が実現されたと理解しているからです。つまり、神による人間への「神の信」(3.3)に対応する、人間の神への信がイエスにおいて実現されたことを受けて、自らの信がそこにおいてつまりその「信」において理解されることを神は認可しています。そのことはイエスが「イエス・キリスト」と呼ばれていることに示されています。神はこの信を媒介にして自らが義であること、さらに信じる者を義とすることを信じるすべての者に啓示しています。ここで「信じるすべての者」とは「イエスの信仰に基づく者」(3.26)と神が見なす者のことです。どれほどの信仰を持てば信じる者と見なされているかという信者の心的状態つまりCの次元は問題にされてはいません。なぜなら「すべての者が罪を犯した」ために、信じる者のあいだに「何ら差異がない」(3.22)と、神の啓示の含意としていわれているからです。マザー・テレサとヒトラーのあいだになんら差異がない「信」がここでは問題にされています。ここで神の前の義人、つまり神によりイエス・キリストの信において理解されている者つまり義人Aが啓示されています。

ナザレのイエスは血における贖いとして十字架においてすべての者の罪を担い、信じるすべての者を「無償で」義とする場を歴史の中で打ち立てたことが主張されています。神の子であったキリストは「肉」と呼ばれる身体を持った自然的存在者の生の原理のもとでまったき人間となりました。しかし、神の前で最後まで神に従順を貫き、罪を犯すことなく、人類の罪を担うべく自らの責任ある自由の中で十字架の道を歩みぬきました。神は十字架上でナザレのイエスに人類の一切の罪を担わせ、私どもすべてを彼において処罰しました。ルターは贖罪を次のように説明しています。「神はおのれの独子を十字架につけ、次のように宣告した。「汝はりんごを食らいしアダムなり。汝は姦淫者ダビデなり。汝は瀆神者《とくしんしゃ》パウロなり。汝はすべての罪を犯せりすべての者なり」」。私が罪を犯すと、代わりにイエスを十字架につけ私の罪の処分をしたという代罰が十字架のメッセージです。もしも、イエスが肉の弱さを知らない神であったとしたなら、彼は死んでも、それは本当には私どもの苦しみを知りませんから代わりにはなりません。また、単に人間が他の人間のために死んだとしても、それは罪ある人間である以上、殉教ではあっても贖罪にはなりません。まったく神の子でありまったく人であるナザレのイエスだけが神と人間のあいだに自らの血により和解をもたらしたとパウロは主張します。このパウロの主張は啓示の言語として展開されています。

神でもひとでもある存在者は人間中心的なCの言語においては通常理解できません。実際パウロは「イエス・キリスト」を「イエス」や「キリスト」と異なり行為主体として描くことはありません。神でもひとでもある存在者にパウロはひとつの行為を帰属させることができなかったからです。パウロは「イエス・キリスト」に「通じて」や「において」等の媒介や場所の前置詞を付し、神の意志がそしてイエスの意志がそこにおいて遂行された媒介者を表現するために用いています。ここではキリストであるイエスによる神と人間の和解の生とその聖書による記述を「D」と呼びます。

ナザレのイエスはDを生き、Dを語りますが、人間中心の肉的な言語を用いることを厭わず、地上の譬えにより神の国と神の意志がどのようなものであるかを伝えています。そこに形成される言語網Dを「父子の言語」と呼び、それは人間中心の「肉の言語」C言語と関連を持ちますが、神への言及なしには人間を理解できないという意味で肉の言語に吸収されることはありません。なんらかの手持ちの理解網なしに何も新たなことは理解できない以上、譬えにおいては人間的な事例が用いられています。たとえば、イエスは税金を払わないのかを問われたとき、父親に税金を払う子どももはいないという誰にも理解できる道理あることを言いつつも、ペテロに「彼らを躓かせないために、海に行って、つり針をたれよ。そして最初に釣れた魚をとって、その口を開けると、銀貨一枚が見つかるであろう。それを取り出して、私とあなたのために納めよ」(マタイ一七章)と言っています。人間的な制度に対する対応は「躓かせないため」という位置づけを父子の言語においては持ちます。これは制度を絶対化し税金の支払いに追われ続け、金銭の奴隷になってしまう人間の現実にある緩みを生じさせる逸話です。なんであれ、この世の取り決めを守ることは、D言語においては周囲を躓かせないためだけということになります。

モーセを媒介に啓示された業《わざ》の律法はもうひとつの明確な神による人間認識の啓示であるとパウロは理解します。彼は「すべての肉は業の律法に基づいては神の前で義とされないであろう、なぜなら律法を通じての神による罪の認識があるからである」(3.19)と言います。イエスは神の意志の啓示である旧約聖書の律法を愛の律法に還元しています。神と人間への愛が遵守される限り、すべての律法は守られていると理解しています。イエスは信仰の生を通じて、律法を愛に還元するという意味において遵守し、神の前に義であり「神の子と定められ」(1.4)ました。イエスを除いては、律法の義を満たすことができないため、業の律法のもとに生きる者は誰も神の前で義とされないということが啓示の言語として語られています(cf. 1.18)。この人間とそれを表現する言語を「罪人の言語」ないし「B」と呼びます。Dを生きたナザレのイエスだけがA、B、Cをひとつのものとして神の前に義《ただ》しい者として生きた唯一の神人であると報告されています。パウロはDを肉の弱さへの譲歩からこのように三つ(義人、罪人、可能存在)に分節することを許したのです。この分節を図で示してみましょう。

ひとの前の現実Cは義でも罪でもありうる可能存在として描かれます。パウロが命令形たとえば「汝が汝自身の側で持つ信仰〔C〕を神の前〔A〕で持て」(14.22)と語るとき、それはひとが命令に背くことがありうることを前提にしています。条件法も同様です。「もしキリストが汝らのうちにいる

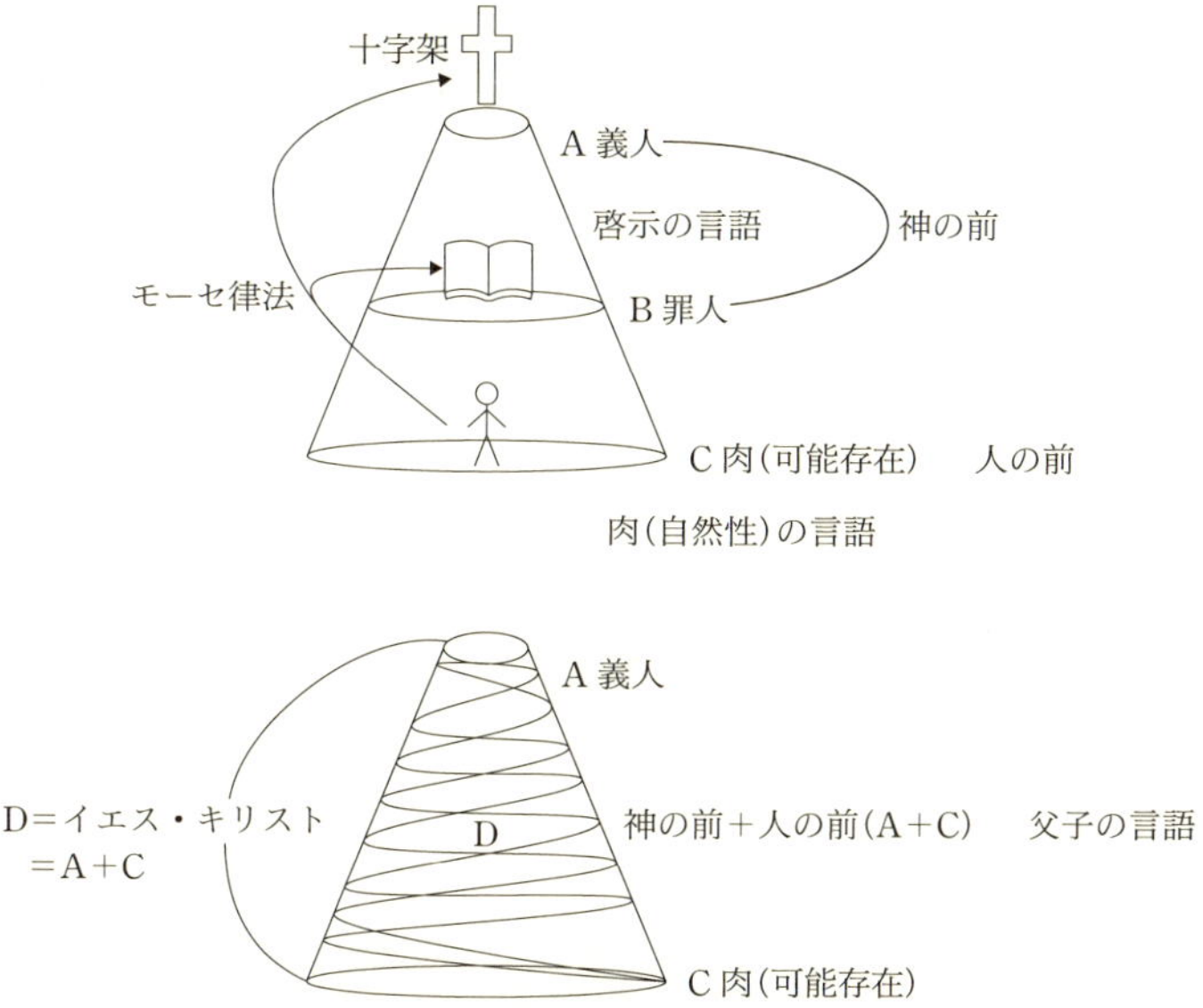

図3-1

なら」(8.10)という条件法は、その否定つまりいないことがありうることを前提に語られます。だからこそ、ひとが自ら自身の側で責任ある自由において持つ信仰を「神の前で持て」と命じられます。信じることはどこまでも実質的なこととなります。それは私ども個々人が義であるのか罪であるのかに関しては、その神の認識がイエスや律法ほどには明白に個々人に啓示されていないからです。

イエスは信仰を父子の言語Dで理解しています。彼は「幼な子らを私の所に来るままにしておきなさい。止めてはならない。神の国はこのような者の国である。よく聞いておくがよい。誰でも幼な子のように神の国を受け入れる者でなければ、そこにはいることは決してできない」(マルコ一〇章)と言っています。彼自身幼子の信仰を持っていました。イエスは信の受動性を扶養者なしには生きていけない幼子の信頼しきった姿の比喩において語っています。この受動することを行為であると認めるとして、そこでの行為の要件である自由は「選択の自由」ではなく、「自発性の自由」と呼ばれます。選択の自由はたとえばかつ丼とそばから自由に選びとることができる自由ですが、自発性の自由が問題になる局面は、そこでももちろん自由は強制とは共存できませんが、これしかない必然と相即することのできる自由であり、これしかない必然の道に対し「はい」と言い受容する自発性の自由です。一般にC言語においては選択の自由が自由と呼ばれますが、D言語においては自発性の自由が問題になり、選択の自由はむしろ迷いとして理解されます。イエスの言語はやはり尋常ではないのですが、多くの追随者がいるという事実はそれなりに理解されうることを示しています。

このように、ひとがCの自らの責任ある自由の中で持つ「信仰」は「イエス・キリストの信」とはただちには同一化されないものであることがわかります。すなわち「信(信仰)」=ピスティス(pistis)の意味には二相があります。つまり、信じる者のあいだになんら差異が問題にされないイエス・キリストの信と、生身の人が持つそこには「弱い者」(14.1)や「進歩」(ピリピ1.25)がある心的状態としての信仰です。パウロはこの二相をA言語とC言語において分節しています。しかし、これとて肉の弱さへの譲歩からくる分節です。だからこそ、パウロは明白に啓示されたイエス・キリストにおける神の人間認識と判決に固着いたします。彼は主張します。「キリスト・イエスにおいて現わされた神の愛からわれらを引き離すものは何もない」(8.39)。生身の自己は義人であるのか罪人であるのか定かではありませんが、そこで持つ生身の信仰はAを自らのものであると信じることからなりたちます。そして、それはできる限り「キリストが汝らのうちに形づくられる」(ガラテア4.19)ことが目標であるために、イエスがそうであったようにD(=(A+C))において生きることが目標となります。

パウロは自らが神の前で立派な有徳な人間になったという自己認識は「誇り」であり、その誇りは「信の律法」(3.27)により排除されていると主張します。これまで見てきましたように、信仰は全存在の委譲がそこにおいて生起する魂の根源的関与です。ルターは「信仰とは「ください」と言ってさしだされた手だ」、「われらは乞食だ、それが本当だ」と言いました。自らが自らの力で救いに到達することに絶望したひとには、もはや救い主の力にすがるしか道は残されていないでしょう。それも、そこでの信仰は、まったくこちらから相手に何も注文をつけることはできないため、すでにさしだされた救いを受け取るという仕方で、ひたすら受動的なものになるでしょう。そこでは自分の立派さなどは問題にならずに、「右手で為す善行を左手に知らせないことがあるとしたら、神がキリストにあって為したもう奇跡である」と言うでもありましょう。この発言はD言語というべきでしょう。ですから、信仰の涵養には聖書などのD言語で書かれたものの理解による思考の習慣化が不可欠になります。そこでは自らが有徳になったことを誇るのではなく、ひとがC言語で立派さとして称賛することがらを、神の業として賛美するだけでありましょう。幼子の信仰はDの実在において宣教されていたものでした。

自らの正義について誇りのない、幼子のような信仰は誰にも、人間としての実力のどの段階においても持つことができます。これが信の根源性です。パウロは続く「ローマ書」四章でアブラハムとダビデを信仰義認の先駆として挙げて自らの主張を論証します。

実際、書は何と言っているか、「アブラハムは神を信じた、そしてそれが彼に義と認定された」。働く者にはその報酬は恩恵によるのではなく、当然のものとみなされる。しかし、働きのない者であり、不敬虔な者を義とする方を信じる者には、彼の信仰が義と認定される。ダビデもまた神が業を離れて義と認定するところのその人間の幸福をまさにこう語っている、「その不法が赦された者たちは幸いである。そしてその罪が覆われた者たちは幸いである。神がその罪を認定しない者は幸いである」。(4.3-8)

ここにパウロは信仰のダイナミズムを見出したのです。ダビデはひどい罪を犯しましたが、「その不法が赦された者たちは幸いである」と神を賛美しています。「不敬虔な者」を神はそのまま義とすることをイエス・キリストの贖罪の出来事は啓示しているとパウロは理解しています。したがって、どんな極悪人であれ、自らの業《わざ》や徳について誇ることのない「父よ」と縋《すが》りつく幼子の信仰が正しい信仰であるとパウロは神の啓示に基づき主張しています。歴史上、この信仰義認論に励まされたひとが多くいたことは否定できない事実でしょう。受動の深さが能動の強さと高さを生むことを人々は経験してきました。信仰は端的に根源的な神の前の自己を受容することだとするなら、その上に立てられるひとの生は神の前での生が遂行される以上、そこで用いられる言語は神への言及を不可避なものとしつつ、自らの責任ある自由を語ることがあるとするなら譲歩としてのみ語る、そのようなD（＝（A＋C））の言語になるでありましょう。換言すれば、信仰とはC言語からD言語に移行することをいいます。

これを持てないのは、人生は自律し、自らの人生に責任を持ち立派な人生を築いていかねばならないという、すなわちCだけが一切の世界であるという、思いから抜けきれないからです。パウロはそのような人間観は律法のもとに生きることであり、自己を知らず、欺く、自己欺瞞であるといいます（ローマ書一―二章）。ひとは自らの人生にどれだけ責任をとれるというのでしょうか。知らないところで、どれだけの過ちを犯し、ひとを躓《つまず》かせているかもしれません。それは自らの立派さ、正しさを過信しているからにほかならないと考えられています。イエスもそのように考えていました。取税人とパリサイ人が宮で並んで祈り、一方が胸を打って罪を悔いたのに対し、他方は「神よ、われ他の者のごとくに貪欲な者、不正な者、姦淫する者ではなく、またこの取税人のごとき人間でないことを感謝します」（ルカ一八章）と言いました。イエスは神によしとされたのは取税人のほうだと言います。

パウロによれば、人類には二つの選択肢が開かれています。ひとは業の律法のもとに生きるか、福音のもとに生きるか責任ある自由の中で選択することができます。業の律法のもとに生きるとき、ひとは裁き裁かれ怒り等人間関係の否定的な渦に巻きこまれ、その枠から逃れられないという意味で否定的な生を習慣化します。他方、福音のもとに生きるとき、ひとはガリラヤの野辺に刻まれた平和と喜びを自らのこととし、肯定的な生を習慣化します。一つの生の次元において生きることを選択する者には当該の次元においてすべてのことがらが処理されることになります。そこで築かれる魂の態勢のもとに一方では怒りのパトスが、他方では喜びのパトスが発動することになります。魂深く刻まれたことがらは、それを思い返すだけで喜びがあふれだす、そのようなことはありうることなのです。

七　むすび

私たちはソクラテスにおけるロゴスのひと、アリストテレスにおける人格的な徳と認知的な徳を備えた賢明なひと、そしてパウロとイエスにおける信のひとという人生の達人たちを考察してきました。賢明な者は行為の選択において常に正しい欲求と正しい判断が伴う者のことでした。そこでは正しい法を守ること自体に喜びが宿るそのような感受態が備わっているのでした。イエスの道は恵み深い父を信じて子となるだけのことでした。そこでは法を守るなどという水臭いことは父との関係においては生起しませんが、ただ周囲を躓かせないために正しい法を守るとされます。

みなさんはどの道を歩んでおられるのでしょう。エッなんですって。「ワシはすでに達人じゃ、賢明な者になっておる、欲するところを行えども則《のり》をこえずじゃ。今さら子どもになる必要などない」。「イヤ、信仰の道は楽そうですね。税金の支払いで首が回らないけれど、恵み深い父のもとで、ひとを躓かせないために払っておいてやるかと考えると、首が回る感じがする」。「私には、ホントに、正しい感受態の反応が常に帰属する有徳なひとが実際いるかどうかは定かではありませんが、人生の達人とはどういうものか言葉で摑みえたためか、何か生きる目標ができたような、また堅固なものがありそうな気がします」。そうです、年老いても、これまで達しえたところと、まだ達しえないところの距離がわかったとき、ひとは、どんなに足が弱っても尻に火がつけば走りだすように、「まだまだ弱ってなどいられない、賢者の道を進もう」と思われることでしょう。

信仰の易行道《いぎょうどう》においても同じです。大人の関心である業《わざ》の律法の道から離れて、信仰により生きるひとは常に恩恵を「下さい」と言いつつ、また「ありがとうございます」と言いつつ受容し、新たな生を始める幼子という達人の生に向かうでしょう。というのも、塵にも等しい身の愚か者が主の寛容と憐れみにより罪赦され、導かれているという喜びの感受態の発動は悔い改めの習慣づけをやはり必要とするからです。同時に、信仰は、人間的にいえば、どこまでも認知的そして人格的成長がそこに見られる限りにおいて、健全であるということができます。これら二種類の信仰認識はパウロが信の二相つまり、信じる者になんら差異がない「イエス・キリストの信」と肉の弱さのゆえに譲歩として、強弱ある生身の肉が持つ「信仰」とを分節していたために、そう語ることに矛盾が生じないといえます。哲学と宗教は言語網が異なる層にあるため、C言語における賢明な者とD言語における幼子は同一者でありうることは今回学んだことがらであるといってよいでしょう。ただし、パウロはDを哲学的次元に分節する努力もしていました。哲学はロゴスの正しさにより、宗教は信仰の正しさにより、感受態の反応は双方において同様なものでありうるでしょう。どちらも、恐れなく、喜んで朗らかな生を生きていることでしょう。

さあ、みなさん、「一大事と申すはただ今この時なり」、「向かわんと擬すれば即ち背く」という認識の中で死を乗り越えて今を生きてゆきましょう。そのうち感受態の反応がこれまでとは異なったものになっていることに気づくこともあることでしょう。そして、それはご自身の中に新たなものを発見する端的な喜びであることでしょう。そのとき年老いても、気分はミケランジェロでありましょう。生が創造へと変わることでしょう。

【付記】より詳しく知りたい方は「北海道大学、電子レポジトリHUSCAP」を参照ください。検索方法は、北大HP→附属図書館→HUSCAP→千葉恵(恵)。関連論文とりわけ「信の哲学」を参照ください。これが難しいという方は「古典への招待」等をご覧ください。

第四話　老いの「あり方」の移り変わり
——ロシアの長老修道士たちを題材として

宮野　裕

一　老いの「あり方」とは？——社会における高齢者、熟練者に期待される役割

人にはそれぞれ、老いや年をとることについての理想(「理想の老い方」)があります。人生の秋を田舎で静かに過ごしてみたいと夢見る方がいれば、その一方で百歳を超えてもプロスキーヤーとして山を制覇する精力的な方もいました。

ただ、考えてみれば、人は「理想の老い」ばかりを追求できるわけではありません。ここで私が述べておきたいのは、理想の老いの追求には金銭的な制約がある、という話ではありません。ここでお話ししたいのは、社会的な制約に関するものです。すなわち、人は社会的な動物である以上、

周囲の社会環境に左右されており、自分が属す社会集団・共同体の中で特定の役割をその高齢や、また高齢ゆえの熟練さを理由に引き受けなければならないことがあります。つまり、ご近所とか、職場とか、碁会所仲間とか、さまざまな社会集団・共同体ごとに、「高齢者、熟練者はこうあるべきである」、あるいは「こうあるのが普通である」といった観念が存在しており、それに基づき、年長者に期待される(任される)役割があります。本話では、こうした、年長者に求められる老いの「あり方」、期待される老いの「あり方」について考えてみたいと思います。

その際に、まず指摘する必要があるのは、このあり方には流行り廃りが、つまり時代による変化があるということです。求められる老いの「あり方」は、時とともに変化しているのです。また地域によってもそれは異なります。さらに、「あり方」は、いうまでもなく、その人が属す社会集団・共同体によっても異なります。

たとえば、地域社会におけるひとつの「老いのあり方」について考えてみましょう。かつて、お年寄りに期待できた社会的役割・機能の一部が、良くも悪くも次第に失われつつあります。大家族制度の解体で、祖父母がその息子夫婦と共住し、日常的に孫の子育てで娘(嫁)を援助するといった機能が徐々に失われ、子どもの養育における母親の負担が増しています。その徴候でしょうか、昔に比べて、「おじいちゃん子、おばあちゃん子」が減少しているように思います。

他方で、お年寄りの一部、七五歳以上のお年寄りには、後期高齢者制度のような、昔はなかった負担があります。このことは、一見、「老いのあり方」とは無縁に思えますが、日本国という社会

において は、七五歳以上の人は、その年齢ゆえに大きな負担を担うべき存在と法制度的に見なされているという意味で、やはり現代日本というひとつの特殊環境下におけるひとつの「老いのあり方」であるといえるでしょう。もちろん、町内会の会長のような、昔から変わらないまま年長者に託される役割もあります。年長者は、そういう役割を引き受けるものであると期待されているわけであり、これも期待される「あり方」の一例に当たります。

このように、人は老いに際しても、社会的に期待され、あるいは束縛されているとさえいうことも可能です。そして、時代や状況によって変化するそうした期待や束縛の中で、年長者は順応、反発、あるいは第三の道をもってこれに対応せざるを得ないわけです。

本話では、ロシアにおいてキリスト教を奉じた長老修道士たち（starets. 以後単に「長老」）を題材にして、修道士の社会内部において、彼らにいかなる「社会的」機能を果たすことが期待されたのか、また彼らがこれにどのように対応したのか、について見ていきたいと考えています。簡単にいえば、修道院という共同体における長老たちの役割を見てみることで、①社会が年長者に期待する役割についての理解を深めたい、ということです。求められる老いの「あり方」がいかに多様性に満ち、また時代とともに変化しているかをここで観察していきます。また同時に、可能な場合には、②そうした老いのあり方に対し、現実に生きていた長老たちが、ときにこれに対峙し、または乗り越え、あるいは妥協しながら、ないしは順応し、積極的にこれを変えていきながらその人生を歩んだこともお話ししたいと思います。そのようにして「老い」そのものの理解を深めることが目標になります。彼らの経験から、今後の生き方についてのなんらかのきっかけを読者のみなさんに摑んでいただければ幸いです。

ところで、そもそも修道士とはどのような存在なのでしょうか。彼らは、ローマ教皇や総主教、司教(主教)や司祭に代表されるところの、教会に勤める聖職者とは異なり、俗世を離れて神に祈る人々で、古くは三世紀頃のエジプトやパレスチナで確認されます。ルーシ(ロシアの古名)では一一世紀から記録に残っており、それ以来、一九一七年のロシア革命まで、数多くの修道士が存在しました。しかし、革命後に彼らは弾圧され、そのほとんどは追放、あるいは処刑されました。その後ソ連が崩壊すると、彼らは復活を果たし今に至っています。長老というのは、この修道士たちの中での年長者たちであり、それゆえに彼らの修道活動は高度なレベルに到達していました。ただし、長老という存在は、以下で見るように、歴史の流れの中でその意味を大きく変化させているので、上の定義は一応のものとご了解下さい。

二　修道士、修道院について

さて修道士というのは、たとえば英語では monk と綴ります。mon の部分はモノラル、モノクロ、モノレール等の「モノ」と語源を同じくしていて、「一」という意味です。つまり、もともと修道士は一人で神と対峙し、祈りを捧げる存在でした。しかし、荒野や山頂、洞窟で一人で居住し、神に祈り続けるというのは至難の業であり、それゆえに、すでに四世紀には複数名が共同で生活しながら神に祈るための施設である修道院が出現しました。一人で祈る者も存在し続けましたが、これは断食も含めかなりの苦行であったために、修道院で経験を積んだ者にのみ許されるようになっていきます。そして修道士の中で、とりわけ「持ち前の天性と個人的な名声をもとに霊的指導者としての権威を有する」者が長老(師父)と呼ばれ始めることになりました。

彼らは長い人生を通じて豊かな経験と優れた修道能力を獲得し、その結果、大きな名声を博し、多くの若い修道士をそのまわりに引き寄せることになりました。それに伴い、長老たちは若い弟子を育成するという役割を担い始めます。具体的にいえば、彼らは、①キリスト教の禁欲的修道者たちの伝統(生き方)および祈りの技術を教えました。祈りは宗教的完徳の重要な手段、救済の道具でした。加えて特徴的だったのは、長老と弟子との関係でした。②弟子は長老への絶対の服従を求められました。これはロシアの文豪ドストエフスキーの『カラマーゾフの兄弟』をお読みになった方ならば、容易に想起できることと思います。弟子にとって長老の命令は絶対であり、総主教のような最高位の教会聖職者であっても、長老の命令から弟子を解放することはできませんでした。

ただし、そうした弟子とのあり方は長老にも重い十字架を課すものでした。現代であれば、学校や家庭も同時に若者を教育しますが、長老の場合には、もっぱら年長者だけですべての指導を行ったわけです。当時の修道院における年長者とは、そうした仕事を任される存在でした。

こうした長老制はとりわけ東方キリスト教地域(エジプト、パレスチナ、シリア、小アジア)で広く普及していきます。しかし一〇世紀以降、聖地アトス山やコンスタンティノープル（現イスタンブール）では、そうした長老制は広まらなかったとされています。聖アタナシオス（一〇〇〇年頃死去）によるアトスへの共住制の導入により、またコンスタンティノープルのストゥディオス修道院における共住制規則の導入により、こうした地域では修道制度のあり方が変わり、共住制規則に基づく修道院が発達し、修道士はその中で規則に従って修道生活を送ることになります。修道院では院長に統括権力が集中され、若手の育成・指導も修道院長が行うことになりました。つまり一人の「年長者」にあらゆる権限が集中され、誤解を恐れずに端的にいえば、院長のワンマン経営が行われることになっていきます。では院長以外の「年長者」たち、すなわち長老たちはどうなったのでしょうか。以下、ルーシ（ロシア）の例を見ていきたいと思います。

三　ルーシへの修道制の導入と長老の出現

ルーシに修道院が登場したのは一一世紀のことでした。その一つであったのが、現在のウクライナの首都キエフ近郊にあるキエフ・ペチェルスキー（現ペチェルシク）修道院です。アトスで修行したアントニーという修道士がキエフ近郊の洞窟に住み、そこで修道生活を開始しました。彼の評判を聞きつけ、多くの修道士が集まり、アントニーは洞窟の近くに修道院を建設します。この修道院は、アントニーから一人を挟んで後の修道院長フェオドシー（一〇九一年死去）の時代に開花し、その結果、ペチェルスキー修道院はルーシ修道制の中心になりました。

ここには、もともとの、強力な師弟関係を結んだ上述の意味での長老は存在しませんでした。フェオドシーは、まさにビザンツ(東ローマ)帝国の、それも上述のストゥディオス修道院で使用されていた修道規則をペチェルスキー修道院に導入し、院長集中式の修道院経営を行いました。そうした経営のもとで、院長以外の長老たちに期待されたのは、弟子の育成ではなく、熟練者ゆえの「宗教的能力」の鍛錬であったように見えます。

ペチェルスキー修道院における長老の活動については、当時の歴史史料を通じて知ることができます。たとえば、イエレミヤという名の修道院の一長老は、未来を予言する能力に長けており、悪しき考えを持つ若い修道士があれば、彼にそのことをひそかに指摘し、悪魔から身を守るよう教えていました。また、長老マトフェイは霊視能力を持っていました。彼は、典礼中に悪魔がほかの修道士にレーポクという花を投げつけているという幻を見ます。このことは、当該修道士が修道院の規則から逸脱するであろうことを予見するものでした。現にその後、この修道士は院外に出かけ、罪を犯したり、また院外で眠りこけたということです。さらには、医者が治せない病人を治療する長老もいました。彼が具体的にいかなる能力を有していたのかはわかりません。しかし、彼が特殊な能力を伸ばし、それが実用に耐えうるものになっていたことがここからわかります。

あらゆる長老にこうした能力があったかは不明です。しかし、ペチェルスキー修道院では長老を含め各々の修道士が個人の房(祈りのための個室)を持っていたので、少なくともそこで祈りに専念し、宗教的な能力を伸ばすことはできたように思われます。このように、自分の生業であるところの祈りに専念し、宗教的能力を鍛錬するのが、「年長者」の通常の「あり方」だったといえるでしょう。

四　モンゴル征服期のルーシの修道院と長老たち

ところが一三世紀初頭からモンゴルのチンギス・カンとその一族によるユーラシア大陸およびユーラシア西方への遠征が進められ、その結果、ルーシ地方はモンゴル帝国の支配下に入ることになりました(〜一四八〇年)。この遠征により、多くの修道院が破壊されることになります。というのも、上述のペチェルスキー修道院を含め、この時代までの修道院は通常、町中かその隣接地にあり、それゆえに、町の攻略を手がけたモンゴルの恰好の餌食になったからです。

この状況から修道制は次第に復興していきます。モンゴル人は、ルーシを支配下に置きながらも、ルーシの宗教に干渉しなかったばかりか、むしろこれを保護しました。その結果、ルーシの中でも、現在のロシアと地域的に重なる北東ルーシや北方地方では、一四世紀半ば頃に修道制が復興し始めました。ロシアでよく知られる聖人セルギー・ラドネシスキー(一三九二年死去)が厳格な共住制修道院をこの地域に次々と建設していきます。彼は人里離れた森林に分け入り、静かな環境の中に禁欲・修行の場を見出します。彼の弟子たちはその師よりもさらに北方のタイガに入っていきました。

共住制修道院の増加・発達は、長老のあり方に影響を及ぼしました。まず各種の権限は、共住制規則に基づき、修道院長に集約されていました。この点は上述のペチェルスキー修道院と同様です。しかし、これまで宗教的能力の鍛錬をしかるべき生業としてきた長老たちも、修道院の経営・運営業務に関わり始めました。おそらく、少人数で森林を開墾して新修道院を建設するという過程の中で、年長者も若手も区別なく、修道院の経営に参加したのでしょう。セルギーの伝記には次のように書かれています。「兄弟たち〔補足。修道士たちのこと〕は次のような勤めに分けられた。ある者は財産管理者に、ある者はパン焼き係として厨房に、またある者は身障者の介護に充てられた」と。

このようにして、老若にかかわらず、あらゆる修道士が新修道院の運営に参加し始めました。しかし、時とともに、またそれに加えて修道院が発展して大人数の修道士がそこに住み着くようになるにつれ、年長者たる長老が、その年齢や経験にふさわしく、各種の業務の中でもその仕切役や、ないしは財産管理者のような要職に就くことが一般的になっていきます。後述するように、特に大修道院では、長老たちは院長とともに修道院の「管理職」としてしばしば登場するようになっていきます。

ここにおいても、若い修道士に対する教師の役割が長老たちに任されることはありませんでした。共住制修道院においては、それは概して院長が引き受けました。したがって、この時期においても多くの場合、とりわけ大修道院においては、長老たちは強力な師弟関係を築くことはありませんでした。

このように、年長者はその年齢や熟練ゆえに、修道院社会において相応の運営業務・任務を任され、それを仕切ることになりました。これまでは運営に直接的にはタッチしなかったのですから、彼らの立場は大きく変化したといえます。修道院における「年長者」の「あり方」とは、この段階においては、相応の院内職務を担当し、相応の権限を持つことであったと考えられます。

ただし、北方森林地帯に少数の修道士からなる共同体という形で建設された一部の小修道院では、長老が若い修道士を指導するというかつての形の長老制がわずかに復活の兆しを見せます。これについては後述しますが、こうした長老制を有した小修道院は、この時期においてごく少数でした。多くの修道院はそれとは無縁でした。

五　修道院の巨大経営化と長老たち（一五〜一七世紀）

一五世紀に入り、社会が変化し、修道院も変化し、それにより長老に求められる「あり方」もさらに変化していきます。当時の支配者であるモスクワ大公家は政治的および宗教的な関心に基づき、修道院に膨大な所領の寄進を行い、同時に諸修道院に特権（免税・裁判免除）を恵与していきました。また大公以外にも、信仰のために、あるいは免税対策で修道院に土地や宝物寄進を行う人が増えていきます。その結果、一六世紀末には国内の人が住む領域の三分の一が修道院の所領で占められるまでに至ります。他方でこの時期、修道院による商業や高利貸しを容認する雰囲気ができあがり、修道院はこの分野に大規模に手を出していきました。たとえば、専業として、塩や魚を北ロシアからモスクワやキエフまで売りに行く「修道士」がいたほどでした。領域的にも、また業種的にも修道院が広大な範囲に活動領域を広げた結果、遠隔地の所領や増大した所有物の管理、業務遂行のために、修道院内部に専門の監督者・責任者がさらに必要とされていくようになりました。たとえば、各村ごとに領地管理人が割り当てられている事例が登場してきます。彼らのもとには多くの労務者(非修道士)が仕えていました。

修道院社会がこのように大きく変容するなかで、長老たちも興味深い形で変化に直面します。まず長老の数が著しく増加し、平の修道士の数を大きく凌駕することになりました。そのうえで長老たちはさらに「会議長老」と呼ばれる一部の上位の長老と、「平の長老」と呼ぶべき大多数の「長老」へと大きく二分されていきます。いったいこの時期の修道院で何が生じたのでしょうか。

この問題についてはいまだ検討の余地があるのですが、およそ次のように考えられるでしょう。すなわち、この時期に出現した上述の大多数の「長老」というのは、言ってみれば名前だけの長老であり、実際には平の修道士とほとんど変わらなかったと。こうした理解しにくい状況について、ここで説明したいと思います。私の考えでは、おそらく、これは共住制修道院の発達と関係していました。

修道院が発達するにつれ、さまざまな業務が修道院に生じ、遠隔地の所領の管理人や交易等の重要な職務がセルギーの時代にもまして増加したことは上で述べたとおりです。ただし、これを管理すべき長老たちの数はそこまで多くはありませんでした。そこで、当然ながら平の修道士がそうした業務に割り当てられることになったと考えられます。しかし、修道院の経営上の要職や仕切役は、熟練者、高齢者である長老たちの伝統的な持ち場でした。また、そもそもロシアでは、共同体の長や仕切役が「長老」という言葉で呼ばれうる伝統がありました。それゆえ、平修道士が重要な職務に就く際に、彼らは「長老」と呼ばれることにもなったのだと考えられます。大修道院においては、多くの世俗の労務者が雇われていたことが明らかにされています。彼らを束ねる役目を引き受けた平の修道士たちは、まさに「長老」として、その業務の仕切役になったと考えられるのです。

おそらく、そうした結果が、多くの「長老」の出現に結びつきました。若い、平の修道士を長老にしたてあげ、業務を任せるという発想の転換で、大修道院は長老不足というピンチを乗り越えようとします。その結果、この時期、特に大土地所有で栄えた大修道院において、修道院の構成員における長老の、つまり「年長者」の比率が飛躍的に高まることになりました。

たとえば、北方森林地帯にセルギーの弟子キリルによって開かれたキリロ・ベロオーゼロ修道院は、一七世紀初頭において、全体で一八四名の構成員(そのほかに三〇〇人の俗人労務者あり)を抱えていました。ところがその内訳を見てみると、院長および以下で説明される「会議長老」が合わせて一一名、司祭、輔祭、参事会員が三七名おり、残りの一三六名は本院、モスクワ、および別院で勤める平の長老でした。つまり、ほとんどの修道士が平の長老でした。またモスクワのクレムリンにかつて存在したチュードフ修道院は、一五八五～八六年の史料によれば、一〇〇人以上の長老をかかえていました。そこには、典院、出納修道士、財産管理修道士のほかに、専門職を担う平の長老たちがいました。具体的には、厨房大長老、パン焼き、茶汲み、屋敷管理者、「錫の人」(錫の細工師か?)、ライ麦のパン焼き、房長、時計係、菜園係、ラッパ吹き、馬の管理人、医療長老等、各種の業務を担う平の長老がいました。

年長者に任せてきた業務に当たらせるために、年齢のハードルを下げて「擬似」年長者を増やす。ここに見られるのは、昨今の日本においても議論されている成人年齢の引き下げに類似した現象です。すなわち、これまでの「成人」という枠を広げ、一八歳や一九歳の若者も成人として承認するのと同じ手法が、まさに一六～一七世紀のロシアでも採用されたわけです。ここに見られるのは、年長であることとの観念(年長とは何か)の見直しであり、同時に、年長者の枠組みそのものの再構築です。

そしてこの「水増し」と平行して生じたのが、いわゆる「会議長老」という少数の特権的長老の発生です。もともとからの長老たちは、「会議長老」という地位(役職)を作り、自分たちがそこに就き、修道院の財務や管理に関する権限をそこに集中させます。彼らは決して既得権を手放さなかったわけです。その一方で、水増しされた「長老」たちは、「長老」でありながらも、平の長老に甘んじることを余儀なくされることになりました。彼らが、修道院上部の統括権力を手中に収めることはありませんでした。

このように、修道院における年長者は、共住制修道院という社会における状況の変化の中で、彼らがその地位を喪失しようとしたとき、その流れに身を任すことなくその地位を守るために知恵を絞り、これに成功しました。すなわち、本来の長老たちは会議長老という枠を作り、彼らは修道院の統括権力としての地位の保全に成功したわけです。

六　国家による一八世紀の修道院改革と長老たち

このようにして、一五世紀から一七世紀にかけて、修道院は経済的には絶頂期を迎えました。しかし、他方で修道院は、教会当局からも問題にされるほど、信仰とは無関係の分野に大きな力を割いていました。上述の商業活動以外にも、たとえば塩の買い占めや転売が知られ、そのほかには多くの修道院が高利貸しを営んでいたことが記録に残されています。その貸し出しの対象は主に修道院農民であり、これは、農民を修道院に縛りつける一手段になっていました。

その一方で特に一七世紀には、修道制そのものや修道士個人の退廃が国家や正教会上層によって問題にされていました。一六六七年の教会会議はその是正を試み、たとえば修道院にはあらゆる商業を禁じ、修道士に関しても、修道院外での活動、店舗や屋敷の所持、人の雇用等を禁じました。

こうした「荒廃した」修道制に対して、上記の教会会議とは別個にメスを入れたのが、ピョートル大帝(在位一六八二〜一七二五年)とエカテリーナ二世(同一七六二〜九六年)の「修道制改革」でした。ただし、注意すべきは、両者のめざす改革の方向は、教会がめざす改革の向きとは異なっていたことです。

ピョートル大帝は修道院が莫大な富を得て、また蓄積していることを問題にし、加えて修道院が宗教活動を疎かにしているという認識のもとで、その莫大な富を国家収入にし、国内の改革や対外戦争の資金に転用しようともくろみました。そのために彼が行ったことは、第一に、修道院に対する所領拡大の制限(修道院への土地寄進の禁止、免税特権の廃止、裁判収入の国家による没収)であり、第二に、国家に寄与する形への修道制の再編であり、そのひとつには修道院長の、事実上の国家監督官化がありました。すなわち、ピョートルは、彼自身により、あるいは国家機関を通じて修道院長の更迭を幾度か行い、そのことによって、国家への院長の服従のシステムを作り上げたのでした。もちろん、ピョートルはこれらの施策を彼なりの宗教的な配慮に基づいて考え出したわけですが、いずれにせよ、修道院は結果として国家の統制下に置かれ、加えて特権の廃止や制限により財源を大きく失うことになりました。そのことは修道院と修道士の数の大幅な減少に、そして個々の修道院の規模の縮小に結びついていきます。

こうしたピョートル大帝の路線の延長上にあったのが、エカテリーナ二世の所領没収政策(一七六四年二月〜)でした。ピョートルの時代に修道院領は事実上国有化されていたのですが、かろうじて名目的に、加えて断続的には、修道院所領は修道院の所有物であり続けました。しかし一七六四年の勅令によって所領は国家機関(経済参議会)に没収されました。それに代わり、国家から修道院に給付が行われることになります。ただしこれは全修道院が対象ではなく、給付の対象は二二七の修道院に限定されました。この勅令により、多くの修道院が経営に行き詰まり、五八九の修道院が廃院あるいは他の修道院と統合されることになります。ピョートルの改革前には一二〇一あった修道院数は、もっぱら私的な財源で運営される修道院を含め、四三七まで激減しました。また一七二四年には約二万四〇〇〇人いた修道士の数が、エカテリーナの改革により、五四〇〇人程度にまで減ることになりました(平均で一修道院当たり約一二人の修道士の割合)。

その結果、ロシアから南に遠く離れたアトス山やモルダヴィアに多くの修道士が流出することになります。ただし宗教心に篤い人で修道院に残る者もありました。旨みがなくとも残るのは熱心な修道士だけだったと考えられるでしょう。その意味で、国家による改革は、信仰の中心としてのロシア修道制が次第に再生していくきっかけになったとはいえると私は考えています。そして、次節で見るように、実際に、改革のこの時期に、宗教的熱意にあふれた再生が生じることになります。

さて、修道制を襲ったこうした荒波の中、長老たちはどうなったのでしょうか。

修道院の困窮化、業務縮小、修道士数の減少という変化の中で、大修道院がかなりの数をかかえていた長老たちのほとんどが歴史史料から消えていきます。これは予想の範囲内の出来事といえるでしょう。多くの長老は「水増しされていた」それであり、実際にはおよそ平の修道士であった彼らは、世俗的役職を果たすことが不可能になった時点で権力を喪失し、単なる修道士に成り下がったと考えられます。加えてそもそも修道士の数が大きく削減されるに至ったのですから、大部分の「長老」が史料から消えたことは自然な成り行きであったといえるでしょう。多くの「水増し」修道士に本業を疎かにしたツケが回ったとする厳しい見方も可能かもしれません。宗教的に優れた能力があれば、それが名声や敬意につながることにもなったのでしょうが、大多数の「長老」にとってはそうはならなかったようです。

七　一九世紀の長老たち

しかし、一九世紀になると長老たちはそれまでとは異なる形で復活を遂げることになります。そのひとつは、上述の聖ニル・ソルスキーら北方の伝統で一五世紀末以来、細々と受け継がれてきた古き長老制の伝統でした。ヴォルガ川より北方では、共住制修道院は決して主流ではなく、少人数の修道士が庵や房を構える散居式修道院が多く存在していました。そこでは、古代の禁欲的伝統が連綿と継承されていました。

また後に聖セラフィム(一九〇三年死去)により名を馳せることになる、タンボフ(モスクワから南西)の辺境に位置したサロフ修道院も、一八世紀末からすでに、霊的才能に恵まれた歴代の院長たちの禁欲活動により知られていました。彼らは古代教会の長老と同じく新米修道士と霊的な師弟関係を結んでいました。

ただし、一般にロシアにおける古代長老制度の復活は、一八世紀末に長老パイーシー・ヴェリチコフスキー(一七九四年死去)が古代の東方地域の長老の著述をロシアに紹介したことを嚆矢とすると考えられています。彼は、上述のいわゆる「改革期」にロシアから去り、キエフを経由して、モルダヴィア地方で長く禁欲生活を送り、その理想を反映させた修道院を開基しました。彼はそのあいだ、多くの弟子を集めたのですが、ロシア修道制の復活にとっては、古代の長老たちの生涯や言動を記した書物『フィロカリア』(ロシア語では『ドブロトリュービエ』と呼ばれる)の翻訳に従事したこと、また彼の弟子たちがその伝統をロシアに持ち込んだことが重要でした。そうしたことにより、ロシアではほぼ忘れられていたといってよい古代の長老たちの活動内容がロシアで知られることになりました。

こうして長老は若干数の修道院に出現し、結果として、弟子と強力な関係を結ぶというあり方が「復活」することになりました。ただし、宗教的資質をきわめて重んじるあまり、長老の数は僅少だったように見えます。また多くの場合、パイーシーの弟子や孫弟子たちが、またその影響を受けた者たちが長老として受け入れられる(長老になる)結果となりました。最も有名なのがモスクワ南西部の深い森の中にあるオプチナ修道院の長老たちです。一八二一年以降、この修道院にパイーシーの弟子たちが招かれました。彼らは俗世との断絶と平穏な活動を現地の教会当局に保証させたうえで、修道活動に専念することになりました。

このように、長老はここで、その古来のあり方に回帰し、禁欲的信仰活動によって名声を高め、加えて弟子の育成に取り組むことになりました。この時期の修道院社会では、単なる年長者は長老と呼ばれなくなりました。長老と呼ばれるには相応の宗教的経験や熟練が必要になったわけです。

一八六〇～七〇年代以降、長老の役目はさらに変化します。この時期、全ロシア的に宗教的高揚が生じ、巡礼が盛んになりました。聖セルギーが建てたトロイツァ修道院には毎年三〇万人が訪問し、キエフのペチェルスキー修道院の場合には、ロシア国外からも巡礼者が訪れ、年間三〇〇万人を切らなかったほどでした。当時のロシアでは、いわゆる「大改革」という社会変革が行われて、社会的流動化が高まった時期であり、人々が信仰をよすがにしたことがその背景にあったと考えられています。

ここで、若干の長老たちは訪問者・巡礼者を自分の庵に招き入れ、彼らの問いかけに答えながら彼らを迷いから救うことを始めました。たとえば、オプチナの長老アンヴロシーは、積極的に訪問者と接し、また文通を続けました。その際、彼は、貴族ばかりか、農民や手工業者とも交わり、トルストイやドストエフスキー、ウラジーミル・ソロヴィヨフらと面談することにもなります。『カラマーゾフの兄弟』に登場する長老ゾシマ像には、まさにこの時期の長老が表現されているのです。

このようにして、長老は、修道院内ばかりか、社会の需要に応えて修道院外に向けても、おのが知恵と経験、宗教的思索を援用して、これを求める人々を教え導いていくことになりました。彼らは一定の役割を社会で果たし、今でもそのような存在として記憶され、高く評価されています。単に長生きしたというそのことが敬意を集めたのではなく、それに付随した経験や考え方を用いて、これを社会に還元していったことが評価されたといえるでしょう。長老の持つ磨きぬかれた考え方や叡智は、多くの場合、社会に益するところが大だったのであり、これが時代のニーズに合致した

（つまりその叡智をもって社会の問題に対応し、これを解決した）ことで、そうした長老の名は人々の記憶に刻まれ、その名は長く語り継がれることになったのです。

八　むすびにかえて

ロシアの修道制社会において、年長者たる長老には、その各々の時代において、固有の「あり方」が存在しました。そして彼らは、時にはその「あり方」に翻弄されつつ、また時にはさまざまな生き方を見つけ、場合によってはその地位を守るためにしぶとく生きていき、またその経験や知恵で人を教え導く存在にもなりました。移り変わる老いの「あり方」に懸命に対応し、場合によってはこれを変えたわけです。このことをまず確認できるでしょう。

むろん、時代状況の異なる彼らの生き方や対処の仕方等を私たちはすぐに応用できるわけではありません。ただ、現代のような時代の転換期ほど、年長者に、求められる老いの「あり方」と葛藤しながら、場合によってはその枠を打ち破り、新たな分野において各々の経験や知恵を用いて、各々が属す社会や共同体を良き方向に導くことが求められる時代はないでしょう。年長者はそうした求めに応えることによって、つまり単なる高齢者に対する敬意によってではなく、社会を良き方向に導くその活動によって、自然と相応の敬意を集めることができるように私には思えます。そうした生き方のためのヒントが、ロシアの長老修道士たちの生き様の中にあるといえるのではないでしょうか。

【参考文献】

朝倉文市『修道院』講談社現代新書、一九九五年

及川信『ロシア正教会と聖セラフィム』サンパウロ、二〇〇二年

大森正樹編、宮本久雄責任訳『フィロカリア』第一巻、新世社、二〇〇七年

谷隆一郎訳『フィロカリア』第三巻、新世社、二〇〇六年

大森正樹訳『フィロカリア』第七巻、新世社、二〇〇九年

國本哲男・山口巖・中条直樹編『ロシア原初年代記』名古屋大学出版会、一九八七年

清水俊行「近代ロシアの修道性と長老制の発展について」『神戸外大論叢』第五三巻第六号、二〇〇二年

清水俊行「ロシア正教と禁欲主義の伝統――ロシアにおけるフィロカリアの受容について」『神戸外大論叢』第五〇巻第三号、一九九九年

ドストエフスキー・F『カラマーゾフの兄弟』

細川滋『一六世紀ロシアの修道院と人々』信山社、二〇〇二年

三浦清美訳「『キエフ洞窟修道院聖者列伝』解題と抄訳（II）」『電気通信大学紀要』第二一巻第一・二号、二〇〇七年

Biblioteka literatury drevnei Rusi. t. 6. SPb., 1999.

Blkhova M. I. Monastyri na Rusi XI- serediny XIV veka. in: *Monashestvo i monastyri v Rossii XI–XX veka*. M., 2005.

Golubinskii E. E. *Prepodobnyi Sergii Radnezhskii i sozdannaia im Troitskaia lavra*. Sergiev Posad i Moskva, 1892.

Kolycheva E. I. Pravoslavnye monastyri vtoroi poloviny XV-XVI veka. in: *Monashestvo i monastyri v Rossii XI-XX veka*. M., 2005.

Polnoe sobranie zakonov rossiiskoi imperii (*PSZ.*). t. 1, SPb., 1830.

Kuchumov V. A. Russkoe starchestvo. in: *Monashestvo i monastyri v Rossii XI-XX veka*. M., 2005.

Smolich I. *Istoriia russkoi tserkvi 1700-1917*. ch. 1, M., 1996.

Smolich I. K. *Russkoe monashestvo*. M., 1999.

Znamenskii P. V. *Istoriia russkoi tserkvi*. M., 1996.

Zyrianov P. N. Russkie monastyri i monashestvo v XIX- nachale XX veka. in: *Monashestvo i monastyri v Rossii XI-XX veka*. M., 2005.

第五話　晩年の様式
――イタリア・ルネサンスの長寿の芸術家たち

谷古宇　尚

一　静謐で穏やかな老年

老いについて、美術作品と芸術家を取り上げながら考えてみたいと思います。具体的な作品の観察に入る前に、まず晩年の芸術家を理解するための手がかりとなるような言葉を探してみましょう。古代ローマ時代の哲学者キケローは『老年について』（中務哲郎訳、岩波文庫、二〇〇四年）で、「老年が惨めなものと思われる理由」として、四つのことを挙げています。老年は「公の活動から遠ざける」、「肉体を弱くする」、「ほとんど全ての快楽を奪い去る」、「死から遠く離れていない」。しかしキケローは、八四歳になる大カトーの口を借りて、知力に優れ、心の快楽を知り、魂の不死を信じれば、老年は「煩わしくないどころか、喜ばしくさえあるのだ」と説明します。

問題点をよくまとめていますが、普通の人にとって安直には役立たない本ですね。この本がいうところの「静謐で穏やかな老年」を迎えるのは、なかなか難しそうです。

それだけでなく、大カトーは「この談話全体をとおして褒めているのは、青年期の基礎の上に打ち建てられた老年だということだ」ともいっています。少年期、青年期、中年期、老年期のそれぞれに仕事があり、「全ての仕事に満ち足りることが人生に満ち足りることになる」。その時々に、きちんと仕事をしていなければ穏やかな老年は迎えられないということです。大カトーは、三十歳代半ばのこれから成熟期を迎えようとする者に語りかけているので、こうした言い方はいちおう年少者への叱咤激励として理解することにしましょう。

そもそも作者のキケローは、六〇歳を過ぎた頃に『老年について』を執筆していますが、それはちょうど離婚や娘の死を経験し、政争の中で間もなく自らも刺客の手にかかって亡くなるという過酷な時期に当たります。決して安穏としたなかで老年について語ったのではなかったのです。老年を称えることの中に、これまで頑張ってきた自分も幸せな晩年を迎えることができるはずだ、という期待、あるいは今の境遇に対する無念の思いを読み取ることができる気がします。

もう少し、芸術に近づいてみましょう。

パレスチナ出身の比較文学者エドワード・サイードは、没後に出版された『晩年のスタイル』(大橋洋一訳、岩波書店、二〇〇七年)で、次のように述べています。

しかし和解と達成感がみなぎることのない晩年、芸術家の、妥協を拒み、気難しく、解決しえない矛盾をかかえた晩年はどうなのだろう。もし高齢と体調不良のせいで、「成熟こそすべて」という晴朗な精神が生まれなかったならどうか。

ここには、晩年も制作を続ける芸術家の苦悩が表されています。この本は、ベートーヴェンやランペドゥーサなど、近代から現代にかけての音楽家や小説家を考察の対象としたエッセイ集ですが、こうした言葉は、あとでルネッサンスの画家たちを見るときに、大いに参考になりそうです。

何か苦しい話ばかりで息が詰まる気がします。もっと私たちが普通にイメージするような老芸術家はいないのでしょうか。

二　めでたい長寿の画家たち

東京の練馬区立美術館で、二〇〇八年の二月から三月にかけて「芸術は寿し(いのちながし)——画家に長寿が多いわけ」という展覧会が開催されました。そこでは、芸術家が長寿であったり、高齢でも制作を続ける芸術家が多い理由として、手と頭を使って創作活動を行うために健康である、その結果さらにまた制作してしまう、あるいは芸術の未完成感に対して抵抗する、といった点が挙げられていました。取り上げられた作家は、明治時代に亡くなった菊池容斎（九一歳。没年、以下同じ）から、熊谷守一（九七歳）、北川民次（九五歳）、青山義雄（一〇二歳）、大沢昌助（九三歳）、奥田元宋（九〇歳）、鳥居敏文（九八歳）ら、平成まで活躍した人を含んでいます。

興味深いのは、画家たちを「脱力系」「前向き系」「夢追い系」の三つに分けていることです。サイードの表現に比べると、ずいぶん明るい雰囲気が漂います。

長野市にある水野美術館で、同じ年の九月から一一月にかけて開催された「寿齢礼讃　長寿の日本画家たち」展には、横山大観（八九歳）、鏑木清方（九三歳）、高山辰雄（九五歳）といった錚々たる名前が並んでいます。また、寿老人や仙人を描いた絵も展示されています。「『年を重ねることも悪くない』と感じていただける展覧会」をめざしたとのことですので、何やらめでたい感じさえします。

横山大観は、重要文化財に指定されている『生々流転』（東京国立近代美術館蔵）などで知られる近代日本画随一の巨匠といってよいでしょう。彼は東京美術学校の内紛で、師の岡倉天心が校長の職を追われると、ともに職を辞して日本美術院の設立に参加、菱田春草らと新しい日本画を確立するのに力を尽くした画家です。欧米でも作品を展示して、日本画を世界に広めることに貢献しました。

この大観の一般に知られるエピソードといえば、やはり酒にまつわることでしょう。肴をつまむ以外に御飯はほとんど食べず、朝から一升瓶を片手にあの壮大な絵を描いたというものです。たしかに外の料理屋では軽く一升を飲み、乱れなかったようですが、実際のところ「晩酌の二、三合を時間をかけてゆっくりと飲む。途中で構想が浮かぶと手元の画帖を取り上げる」程度だったようです。「酒気が残っている時間は決して画室に足を入れなかった作家」と証言されています(大智経之「横山大観・その人」『横山大観――海・山・空の世界』展覧会カタログ、北海道近代美術館他、一九九五年)。

三　つくられる芸術家像

世の中には、こういった芸術家にまつわる風説が流布しています。もともとは古い本ですが、『芸術家伝説』という本も出版されています(エルンスト・クリス/オットー・クルツ著、大西広他訳、ぺりかん社、一九八六年。原著は一九三四年刊)。

そこには、酩酊してからでなければ筆をとらなかった中国の画家たちの名前が挙げられています。「存在の神秘」や「自然の生命力」といった目に見えないものを描きだすためには、酔っている状態が必要だったのです。日本でも雪舟が酒を飲んで絵を描いたことになっていますが、雪舟も八〇歳を過ぎるまで後世に残る名画を残しています。

『芸術家伝説』には、あっという間に描き上げてしまう速描きの才能や、優れた創造者に許される性的な放埓といった、お決まりの芸術家像が、文献とともにいくつも示されています。

天才的な少年が偶然発見されるというタイプの話もあります。一三世紀半ばに生まれたジョットは、羊の番をしながら羊の写生をしていたところ、偶然に通りがかった当代一の画家チマブーエによって、その才能が見出されます(あくまで伝えられるところによれば、ですが)。この後ジョットは、師チマブーエをかるがると凌駕し、フィレンツェをはじめイタリア各地で制作を行い、画家として最高の地位を占めることになります。

しかし、こうした「才能発見の物語」と「神童伝説」は数多く載せられているのですが、意外なことに老齢という点から注目した芸術家のエピソードがありません。

日本には、老人の芸術家がどのようにイメージされているかを知る格好の例があります。「男はつらいよ」シリーズの一七作目『寅次郎夕焼け小焼け』(一九七六年、製作配給・松竹、監督・山田洋次)に、宇野重吉が演ずる池ノ内青観という画家が出てきます。池大雅と竹内栖鳳と前田青邨と横山大観を混ぜたような名前で、まさに日本画の大家です。六一歳だった宇野重吉は、老け役が板についており、かなりの高齢に見えます。

財布を持たずに飲み屋で酒を飲んでしまい、一晩泊めてもらった御礼に、さらりと小さな絵を描く。寅さんにそれを神田の古本屋大雅堂に持たせると、かなりの額に替えてくれる。生まれ故郷に帰って市の役人が一生懸命接待しようとしても、初恋の人に会いに行ってしまう。騙されて二〇〇万円もの金を取り返せない芸者ぼたん(太地喜和子・演)のために、絵を描いてやってくれと寅さんに頼まれるが「金のためには描けない」と断る。結局は思い直して、ぼたんに牡丹の絵を贈り、ぼたんはその絵を売らずに大事にする、という落ちがつく。

功成り名遂げた老画家は、風体を気にせず(人前で、おならもする)、金に無頓着で、自分のしたいことをします。それでも芸術に対しては純粋で厳しく、お金には換えられないものだと考えています。でもその割に作品は高く売れ、裕福です。人の評価を気にしません。というよりは、人が評価してくれるのは、当たり前になってしまっているのです。

ぼたんは、何よりもいろいろな人の優しい気持ちこそが、お金に換えられないものだと考えます。この映画では老画家も、こうした人の優しい気持ちを大事にするために絵を描きます(この点は、よくある芸術家像から外れるところですが)。ぼたんはいろいろな人の優しい気持ちが結晶化したものとして牡丹の絵を大事にすることによって、お金に換えられない芸術の純粋性という神話を強めています。

若い芸術家は、破滅型でない限り、お金に苦労しながらも良い絵を描き、自分の作品を理解してもらおうと努力するでしょう。そして一人前の画家として認められるために、社会的な存在であろうとします。人の優しい気持ちの詰まった作品が良いとも主張しそうです。老画家は、初恋の人(岡田嘉子!)と会ったことで、青臭くもなつかしい感情をよみがえらせたのかもしれません。

練馬区立美術館の「芸術は寿し」展の分類からすると、池ノ内青観は「脱力系」でしょうか。力まず、それでいて倦まず弛まず。しかし、忘れていた感情を思い起こすことができたのも、大事だったはずです。ぼたんに絵を描いてあげないと言ったために、寅さんが激昂して出て行ったあと、老画家は何かにふと気づいたかのような表情を見せます。それは、かつては知っていたのに今は忘れてしまっていた、人を好きになる気持ち、人に対する優しい気持ちだったのです。そのときの宇野重吉の演技は心に残ります。老人は忘れたり、あまり感じなくなったりすることもあるのでしょう。「前向き系」「夢追い系」の長寿の画家は、何かを忘れずに絶えず持ち続けているのだと思います。でも「脱力系」も、忘れたふりをしているだけかもしれません。

テレビで紹介されていましたが、福井市美山町に住む豊田三郎という画家がいます。一九〇八年生まれですので一〇〇歳を過ぎていますが、戸外で制作し、山々や木々を描いています。特に、杉をいつも描きます。この画家特有の緑色は、トヨダグリーンと名付けられており、自分のスタイルを持っているといえます。しかし、杉の勢いのようなものをまだまだ表現しきれていないそうです。独自の境地に達していながら、なお挑戦する課題がある。普通の場合、ここあたりが重要なポイントになりそうです。今の状態に甘んじず、さらに何かをやっていくという気概が、「前向き系」「夢追い系」の画家にはありそうです。

老年の芸術家について、比較的わかりやすいイメージを持つことができたように思います。注意しなければいけないのは、それがしばしば伝説的な(老年とは限らない)芸術家像になぞらえられている点です。あらかじめ持つイメージに合わせて人を見てしまう、理解するための型に当てはめないとわかった気がしない、というのはよくあることです。長い前置きでしたが、こういったことに気を留めながら、本題のルネサンスの芸術家たちを見てみましょう。少しは老いを考えるうえで、目新しい発見があると思います。

四　イタリアの芸術家たち

イタリアのルネサンス期（一五～一六世紀）には、意外と長寿の芸術家が何人もいます。生没年をいくつか列挙してみましょう。

ドナテッロ（一三八六頃～一四六六年）
ルカ・デッラ・ロッビア（一三九九／一四〇〇～一四八二年）
ウッチェッロ（一三九七～一四七五年）
マンテーニャ（一四三一～一五〇六年）
ジョヴァンニ・ベッリーニ（一四三〇～一五一六年）
レオナルド・ダ・ヴィンチ（一四五二～一五一九年）
ミケランジェロ（一四七五～一五六四年）
ティツィアーノ（一四九〇頃～一五七六年）

現在から見れば当たり前の年齢かもしれません。それでも、制作を続けながら老いて晩年を迎えたぐらいの歳ということはできるでしょう。

ドナテッロ

ドナテッロはフィレンツェ生まれの彫刻家で、夭折の画家マザッチョ、フィレンツェ大聖堂に丸屋根を架けた建築家ブルネレスキと並ぶ初期ルネサンスを代表する芸術家です。盛期ルネサンスのレオナルド、ミケランジェロ、ラファエッロの三人に匹敵する巨匠たちです。

一四〇九年に完成した大理石の『ダビデ』(図5-1)は、前の時代の特徴である表面的な流麗さに、まだやや捕らわれている印象を受けますが、幼さを残す表情と相まった瑞々しさに満ちあふれる作品です。のちにユダヤ人の王となるダビデは、石投げ器を使ってペリシテ族の巨人ゴリアテを倒し

図5-1　ドナテッロ『ダビデ』1409年，フィレンツェ，バルジェッロ美術館

出典）ジョヴァンナ・ガエタ・ベルテラ，芳野明訳『ドナテッロ』(イタリア・ルネサンスの巨匠たち 8)東京書籍，1994年。

たばかりです。足元に置かれる首も、おどろおどろしい感じをそれほど与えていません。二十歳代の作品です。

四十歳代半ばの円熟期には、ブロンズで同じ主題を扱っています（図５-２）。今回は裸体です。バランスのとれたポーズ、過剰にならない肉身表現、穏やかにもの思う相貌。精神と肉体が美しさの中に調和する、ルネサンスらしい作品です。

ドナテッロは一四四三年から一四五三年までの一〇年間、ヴェネツィアに近いパドヴァに滞在し、

図５-２　ドナテッロ『ダビデ』1430年頃，フィレンツェ，バルジェッロ美術館

出典）同上書。

サンタントニオ聖堂の祭壇や、聖堂前のガッタメラータ騎馬像をブロンズで制作します。この頃を境に、ドナテッロの作品は変化を見せてくるように感じます。

一四五七年の年記があるシエナ大聖堂の『洗礼者ヨハネ』、同じ頃の『ユディットとホロフェルネス』(図5-3)や木彫の『マグダラのマリア』(図5-4)は、肉体の内にある情念を垣間見させてくれるかのようです。皮膚や毛髪、あるいは衣服の表面の震えるような感じは、何か落ち着かない気持ちにさせます。静謐で安定した、満ち足りたブロンズの『ダビデ』とは、ずいぶんと違った印象です。

図5-3　ドナテッロ『ユディットとホロフェルネス』1455-60年，フィレンツェ，ヴェッキオ宮

出典）同上書。

彫刻家が七〇歳を過ぎようとしていることを知ってこうした作品を見ると、そこに年老いた芸術家の姿を読み取ってしまうのだと思います。穏やかならざる晩年。『芸術家伝説』には、完成を急がせる注文主たちに腹を立てて、ドナテッロが『ガッタメラータ』の頭部を壊してしまったというエピソードが引かれています。癇癪持ちの老人を思い起こさせます。

ヴァザーリは一六世紀の半ばに、約二百人もの芸術家たちの伝記を著していて、ドナテッロについても多くの作品を挙げ、彼の人柄にも触れています（『ルネサンス彫刻家建築家列伝』森田義之監訳、白水社、一九八九年）。

図 5-4　ドナテッロ『マグダラのマリア』1457 年頃，フィレンツェ，大聖堂博物館

出典）佐々木英也・森田義之責任編集『世界美術大全集第 11 巻　イタリア・ルネサンス 1』小学館，1992 年。

彼は非常に気さくな人物で、情愛深く親切であり、自分自身よりも友人のことを大切にした。金銭にはまったく無頓着で、お金はいつも天井から綱で吊した籠のなかに入れておき、彼の徒弟や友人たちはいちいち彼に断わらずに必要な分をそこから取り出した。彼は老年期をまことに気楽に過ごしたが、老いさらばえて働けなくなると、コージモや他の友人たちに助けてもらわなければならなかった。

コージモとは、フィレンツェの実質的な支配者コージモ・デ・メディチのことです。ドナテッロは結局、メディチ家から十分な俸給を受けることとなり、再びヴァザーリから引用すると「余生を何の心配事もなく幸福に暮したが、八十三歳になってから重い中風にかかり、どんなふうにしても仕事ができなくなってしまった」。そして寝たきりの状態になり、間もなく亡くなったそうです。

ドナテッロが気さくな人物であったかは別として、お金に拘らない芸術家だったというのは、やや伝説の気配を感じます。いずれにしろメディチ家から農地を贈られたり、俸給を貰うことになったりしたときは、ずいぶんと喜んだようですので、日本画の大家「池ノ内青観」よりは普通に生活の心配をしていたのでしょう。

ヴァザーリの記述で興味深いのは、ドナテッロの最晩年に触れていることです。ドナテッロの生年は正確にわからないのですが、八〇歳前後までは生きていたと考えられます。その頃に中風で体が利かなくなるまで、仕事をしていたと書かれています。ヴァザーリは、ドナテッロ以上によく仕事をした人はおらず、あまりにも多くの作品をこの世に残したともいっているので、晩年まで弟子を使いながら旺盛な制作活動を行っていたのでしょう。しかしヴァザーリは、老年や晩年と作品をまったく結びつけてみようとはしません。これは、もっと注意しておいてもよさそうです。

先ほどの『ユディットとホロフェルネス』(図5-3)をヴァザーリも絶賛しますが、「たいへん卓越した技量のほどを示す作品である」とか、ユディットの「衣服や容貌の外面的な単純さをじっくり観察していると、その内側にはこの女性の剛毅な魂と神の御加護がはっきりと認められる」とか、ドナテッロは「この彫像を申し分なく完成し、鋳造は精妙で実に美しく、その後の表面の仕上げもみごとになされたので、それを見る人を驚嘆させてやまなかった」などと述べて、芸術家の晩年を作品に読み込もうとする私たちのロマン主義的な観察とは(ロマン主義は一九世紀的なものの見方ですので、当然ながら)ずいぶんと異なっています。

そもそもヴァザーリは、子どもや若者のときの才能の開花については述べますが、壮年も老年も晩年も、それほど関心はなさそうです。仕事ができなくなってから亡くなるまでのあいだを最晩年とすれば、生涯の最後を記録する必要から、芸術家の最晩年に触れているだけのように思えます。

ティツィアーノ

ここでもう一人、長寿の画家についての記述を見ておきましょう。まだ存命中の画家です。ヴァザーリは『芸術家列伝』を一五六八年(これは実は第二版で、一五五〇年の第一版に新たに仕入れた情報を付け加えている。日本語ではヴァザーリ『ルネサンス画人伝』平川祐弘他訳、白水社、一九八二年)に出版していますが、その二年前に会ったヴェネツィアの巨匠ティツィアーノについて、次のように述べています。

ティツィアーノは非常に健康で、余人のとうてい及びもつかぬ幸運に恵まれた人であって、天から授かったものといってはただ恵みと幸あるのみ、ともいうべき人であった。〔……〕また彼の作品にたいする支払いは非常によいものがあったから、収入もずいぶんあった。というわけで、晩年は暇つぶしのほかは仕事をしないほうが、下手な作品でもって豊熟の年にかちえた名声をおとさないほうが、よいのではないかとも思われる。男盛りの頃は、衰えのために不完全なものが出来る、などという傾向は見られなかったものである。本書の著者ヴァザーリが一五六六年にヴェネツィアにいた頃、親友としてティツィアーノに会いに行ったことがあった。年はだいぶとっていたが、手に筆をとって絵を描いていた。彼の作品を見るのはずいぶん楽しいことであったし、また議論にいろいろと花を咲かせたものであった。

ティツィアーノの生年は確かには知られていませんが、七十歳代後半にさしかかった頃と考えられます。高齢ながら、まだ仕事を続けている画家です。

作品を高く買ってもらえて、豊かであったのは「池ノ内青観」と同じです。それよりも、ヴァザーリはティツィアーノにもう仕事をしないほうがよいと、忠告していることが重要です。ここでは「豊熟の年」や「男盛りの頃」といった人生の段階についての言葉が出てきます。その頃は衰えていなかったので、まあよかったといっているのです。これはいったい何を意味しているのでしょうか。

ティツィアーノは一五五三年から一五六二年にかけて、スペイン王フェリペ二世のために『ヴィーナスとアドニス』（マドリード、プラド美術館）、『ペルセウスとアンドロメダ』（ロンドン、ウォレス・コレクション）、『ディアナとアクタイオン』（エジンバラ、スコットランド国立美術館）、『エウロペの略奪』（図5-5）といった神話画を描いています。ヴァザーリは、こうした六十代から七十代にかけてのティツィアーノの作品について、次のように述べています。

最近の作品は、大まかに、一気呵成に、斑点でもって描いてあるから、近くから見るとなんのことかわけがわからない。ところが、離れて見ると完璧な姿が浮かびあがってくる。〔……〕こうした手法は思慮分別をもって行なえば、美しい上に人を驚かせもする。なぜかといえば、絵は生き生きと目に映じ労せずして出来あがったかと思わせるほどの、すばらしい技術をもっているからである。

これほどのすばらしい絵を、やすやすと描いたかのように見せてしまうティツィアーノの「名人芸」をほめているように思えます。しかしヴァザーリは、こんな描き方ではもっと年をとったら全

図 5-5　ティツィアーノ『エウロペの略奪』1559-62 年，ボストン，イザベラ・スチュアート＝ガードナー美術館

出典）フィリッポ・ペドロッコ，池田亨訳『ティツィアーノ』(イタリア・ルネサンスの巨匠たち 24) 東京書籍，1995 年。

然だめになって、不完全で下手な作品を作ることになるよ、と先ほどの文章では警告しているのです。ティツィアーノの「青年時代の作品には、洗練された信じがたいほどの入念さで仕事がしてあったから、近くから眺めることにも遠くから見ることにも耐える」のに、斑点で描くようになってしまって残念なことだ、と思っているのでしょう。これはいいすぎかもしれません。ティツィアーノの様式は溌剌としていて色彩も良い。たしかに彼の絵はすばらしい。しかしフィレンツェの画家のように、デッサンをしっかり勉強しなければ本当の技には到達できない。やはり、ヴェネツィアよりフィレンツェのほうが優れているのだ、という郷党心の表れだと考えられます。

ヴァザーリが一五六六年にヴェネツィアに来たあと、ティツィアーノは亡くなるまでの一〇年間、さらに制作を続けます。ヴァザーリが予告したように、下手な作品を描いて、名声を落としてしまったのでしょうか。

図5-6　ティツィアーノ『ピエタ』1576年，ヴェネツィア，アカデミア美術館

出典）同上書。

ティツィアーノが最後まで描き続けた作品は、縦横とも三メートル五〇センチほどもある大作『ピエタ』(図5-6)です。筆致は細かく震え、形体は光と色彩に溶け、死の静謐より、さざめくような不穏さが画面を支配しています。マリアの膝に横たわるキリストの姿に、死を前にした画家は、自らの姿を見ていたかもしれません。

ここにはエドワード・サイードのいう、「和解」「達成感」「晴朗な精神」とは無縁な、「妥協を拒み、気難しく、解決しえない矛盾をかかえた」芸術家の晩年を読み取ることができる気がします。ティツィアーノは、キケローのように娘を先に亡くしながら、フェリペ二世に未払い分の督促を送り、そしてペストの流行に慄いていました。フィレンツェへの身贔屓から出た言葉かもしれませんが、「晩年は名声を落とさないように、暇つぶしのほかは仕事をしないほうがよい」などというヴァザーリの暢気なアドバイスなど、聞く気もなかったに違いありません。暇つぶしではない。生活でも仕事でも、生きていくことの課題を解決していくこと。ティツィアーノにとって、それがまさに晩年を生きることにほかならなかったのです。

ミケランジェロ

ティツィアーノ以上に長生きしたのは、ヴァザーリが絶対的に信奉するミケランジェロです。『芸術家列伝』では、ジョットやドナテッロ、ティツィアーノと比べて、数倍もの長さでその生涯が記述されています。

ミケランジェロは、ドメニコ・ギルランダイオの工房で修業していましたが、若い頃から才能を発揮して、メディチ家の文化的サークルにも出入りして、まだ一七歳の頃に『ケンタウロスの闘い』(図5-7)を作っています。ヴァザーリは、この作品について「これは非常に美しく、今日それを観る人には、ときに、少年の手になるというよりは、彫刻術の研鑽と実際に修練や経験をつんだ巨匠の手になったもののように思える」と述べています。天才は通常、最初期の作品から、そのときの最も進んだ技術をほとんど身につけているものです。一七世紀バロック時代のミケランジェロともいえるジャンロレンツォ・ベルニーニもそうですし、近代ではピカソが思い浮かびます。大器晩成の天才というのは、美術の世界では珍しいかもしれません。同じ時期に『階段の聖母』（フィレンツェ、カーサ・ブオナローティ）という作品も作っていますが、これはドナテッロの得意とした低浮彫の技法で彫られたもので、ヴァザーリはドナテッロ以上の優美さや造形性がうかがえるとまでいって称賛しています。

図5-7　ミケランジェロ『ケンタウロスの闘い』1492年頃，フィレンツェ，カーサ・ブオナローティ

出典）ルッツ・ホイジンガー，石井元章訳『ミケランジェロ』（イタリア・ルネサンスの巨匠たち25）東京書籍，1996年。

しかしその後、ミケランジェロは順調に彫刻作品を生み出していったわけではありません。満足できなければ制作を途中で放棄してしまい、未完成で残されたものが多かったのです。ヴァザーリのいうように「彼の彫像のうち壮年時代に完成したものはほとんどなく、完全に仕上がった作品は青年時代に制作されたもの」なのです。有名なフィレンツェ市庁舎前に置かれていた『ダビデ』（フィレンツェ、アカデミア美術館）や、ヴァチカンのサン・ピエトロ聖堂にある『ピエタ』は、二十代の作品です。

ミケランジェロは八八歳で亡くなりますので、長い老年期を送ることになりますが、最後の一七年間はサン・ピエトロ聖堂の造営工事に携わります。技術上の困難や人間関係に頭を悩ませ、かなり大変だったようです。そのなかで彫刻もいくつか手がけますが、やはり完成することはできませんでした。

晩年のピエタ像のうち『バンディーニのピエタ』(図5-8)について、ヴァザーリは「ミケラン

図5-8　ミケランジェロ『バンディーニのピエタ』1547-55年頃，フィレンツェ，大聖堂博物館

出典）同上書。

ジェロはほとんど毎日、楽しみのため、四人物像のいる、すでに述べたそのピエタ像の仕事をしていた」と簡単に書いています。このあとに、ミケランジェロにはなぜ未完成の作品が多いかの説明が続きますが、この『ピエタ』がどういった作品であるのかとは直接関係がありません。また『ロンダニーニのピエタ』（図5-9）については「毎日鑿をふるって時を過ごせるように、何か大理石材を見つける必要があった。それで前のものとは違うもうひとつの、ピエタがすでに荒削りされている、非常に小さい別の大理石片を置いた」と書いています。

図5-9　ミケランジェロ『ロンダニーニのピエタ』1552-1564年，ミラノ，スフォルツァ城博物館

出典）同上書。

これらのピエタ像は、芸術家の精神が、石という素材を通して、形として現れ出ようとするまさにその瞬間を表しているようにも見えます。この印象は、作品が未完成であるがゆえに、なおさら強められます。何か晩年のミケランジェロの苦悩、存在や死についての深い省察が、そこには含まれているかのように思えます。こうした思い入れを強く持たせることから、これらの作品は高い評価を得てきました。

それに比べると、ヴァザーリの記述はかなり淡白な気がします。『バンディーニのピエタ』で、崩れ落ちるキリストの体をうしろから支える老人を、ミケランジェロの自刻像だと指摘しているのはヴァザーリです（『芸術家列伝』ではなく、書簡で述べています）。老人は、人を罪から救うことのできるはずのキリストをなんとか支えて、その力を発揮してほしい、できれば自分も救済してほしいとかすかに願う。しかしキリストの力ない姿勢は、その希望がありえないもののように感じさせてしまう。絶望というよりは、あきらめてそのことを淡々と受け入れているかのように思えます。

しかしヴァザーリを含めた当時の人々は、私たちと同じような思い込みでこの像を見ていたのでしょうか。『ロンダニーニのピエタ』は、やはり使い回しの石材であって、前の作品の一部であったよく彫られた右腕が、まだ残っている。もう少し彫り進めなければならない、と考えられたに違いありません。未完成に秘められたなんらかの精神性の表出、あるいは老芸術家の人生は、ヴァザーリの簡単な記述からすると、ほとんど関心を持たれなかったように思われます。

ヴァザーリは、八一歳になったミケランジェロがすでに人生の終わりにあることを、受け取った書簡と詩から理解します。

私の人生はいま港にたどりつく
はかない小舟で荒海を渡って
悪行善行の申し開きをしようと
すべての人が降りねばならぬあの港へ

芸術が私には偶像や君主であるという
あの親愛なる想いが
いかに誤りであるかをいま私は知るのだ
人それぞれの望みに反することを

虚しくもうれしかった恋の思い
私が二度死ねばそれも何が楽しかろう
最初の死は確かなら第二の死が脅かす
もはや絵画も彫刻も魂を静めてくれず

魂は神の愛へと向かい
愛は我らを迎えんと腕を十字架に拡げたもう

このソネットからすると、魂が神の愛へと向かい、絵画や彫刻から離れてしまった時期の作品に、苦悶の跡を読み取るとしても、老芸術家の人間性や思想を過度に読み込む必要はないように思われます。魂を静めてくれなくても、単純に「楽しみのため」や「毎日鑿をふるって時を過ごせるように」ピエタ像を、亡くなるまで彫り続けただけかもしれません。たしかに一六世紀は新しい芸術家像が作り上げられた時代ですが、近代的な芸術家像を先取りしすぎないように気をつける必要もありそうです。

レオナルド

レオナルド・ダ・ヴィンチは、ミケランジェロやティツィアーノほど長生きではありませんが、興味深い晩年の自画像を残しているので簡単に触れましょう(図5-10)。このスケッチについて、日本のレオナルド研究者は次のように述べています(田中英道『レオナルド・ダ・ヴィンチ』講談社学術文庫、一九九二年)。

そのころのレオナルドの顔は、灰色の髭を長くのばし、実際の年齢よりも年を取っていた。

〔……〕頭は禿げて眼はくぼみ鷲鼻は低く垂れ、つねに口を少し開いているややだらしのない風貌があらわれている。〔……〕今は絵を描かずにすでに描いた絵を見せる画家になったとき、その顔は崩れはじめたのだといっていいかもしれない。

少くともこの自画像はレオナルドの自己の立場への苦い思いを伝えていると私は見る。それは手が動かなくなった老画家に対してではない。人間や自然の「美」というものに信をおけなくなった画家の末路を自ら哀れんでいる姿のように思われるのである。

図5-10　レオナルド・ダ・ヴィンチ『自画像(ウィンザー写本)』1515-17年，ウィンザー，王室図書館

出典）田中英道『レオナルド・ダ・ヴィンチ』講談社学術文庫，1992年。

ミケランジェロのソネットは、同じことを言おうとしているようです。二連目の、芸術が偶像や君主であるとは、ミケランジェロにとって自然の「美」(と、自然を超える「優美」)を描く美術が第一のものだったということです。しかし今は、それに信を置けなくなってしまったと言うのです。

ミケランジェロはピエタを彫り続けましたが、魂は神の愛へと向かってしまいました。レオナルドは絵を描かずに、絵を見せるだけとなり、そして魂はどこへも向かわなかったのでしょうか。この行き先のない末路は、手が動かなくなり、これまで信を置いていたものに信を置けなくなる晩年、すなわち仕事ができなくなる晩年と、死はただ死として受けとめようとするこのレオナルド研究者の老年観が反映しているように思われます。

ジョヴァンニ・ベッリーニ

最後に、晩年の活動について、特に語られることの少ない画家を見てみましょう。

ヴェネツィアのジョヴァンニ・ベッリーニは、ヴァザーリによれば、九〇歳で亡くなっています。実際には一四三〇年頃に生まれて一五一六年に亡くなったと考えられるので、やや誇張されているのですが、当時としては喜ぶべき長寿といえるでしょう(最近では一四三八〜四〇年頃に生まれたという説も有力で、ますます寿命が短くなりつつありますが、逆に若いときからすごい作品を制作していたことになります)。それだけでなくこの画家は、最晩年まで旺盛に制作を続けていたのです。

ベッリーニはすでに一四六〇年頃には自分の様式を確立しています。『ピエタ』(図5-11)は、はっきりした描線と適切な陰影により、形体が的確に描き出されるだけでなく、感情の動きが画面全体の柔らかい雰囲気に溶け込んでいます。

その後ヴェネツィアでは、ジョルジョーネ(一四七八〜一五一〇年)やティツィアーノが余韻に満ち

図5-11　ジョヴァンニ・ベッリーニ『ピエタ』1460年頃，ミラノ，ブレラ美術館

出典）マリオリーナ・オリヴァーリ，篠塚二三男訳『ジョヴァンニ・ベッリーニ』（イタリア・ルネサンスの巨匠たち 22）東京書籍，1995年。

た、また世俗的な感覚にあふれる革新的な表現を生み出します。それは一五〇〇年代初頭の、ベッリーニの晩年と重なる時期のことです。老齢の画家は、五〇歳前後も若い同業者の作品とどのように接したのでしょうか。

署名と一五一五年の年記のある『鏡を見る若い裸婦』（図5-12）という作品は、身体表現にややぎこちなさを感じさせますが、年下の画家によって表現されるようになった官能性を、大胆に取り入れた試みです。背景に広がる風景は、穏やかな光を含んで詩情豊かに表されています。ジョルジョーネの『若い女の肖像』（図5-13）に比べると、個性的な相貌表現が見られず、生気も欠けているように思えますが、女性が

図 5-12　ジョヴァンニ・ベッリーニ『鏡を見る若い裸婦』1515年，ウィーン，美術史美術館

出典）同上書。

鏡を二枚使って髪を整えるセッティングには、工夫が見られます。

ミケランジェロやティツィアーノの場合、晩年に彼らを超えるような芸術家が現れたとはいえないでしょう。だからこそ自分の作り上げた世界を時に壊し、なおさら深めてゆく営為が必要だったのです。ベッリーニはこれほどの傑出した天才ではなかったとしても、しかしながら決して凡庸な画家ではありません。ミケランジェロやティツィアーノを超一流の画家とすれば、一流以上の画家です。彼は七〇歳にして、長い経歴の中で作り上げた自分の型の中に、二世代若い画家の新しい表現を取り込まざるを得なかったのですが、それでもなお若い世代の画家たちにモデルとなるものを、少しは提供することができました。そもそも

図 5-13　ジョルジョーネ『若い女の肖像』1506 年，ウィーン，美術史美術館

出典）ステファノ・ズッフィ，宮下規久朗訳『イタリア絵画――中世から 20 世紀までの画家とその作品』日本経済新聞社，2001 年。

ジョルジョーネやティツィアーノの作り上げた一六世紀ヴェネツィア絵画の黄金時代は、ベッリーニの功績なしには考えられません。非妥協的な創造性や、また逆に代わり映えのしない円熟とは異なる、穏やかながら将来に可能性を開く晩年の様式をベッリーニは示したのです。

第六話　森敦『われ逝くもののごとく』の生と死と力

——七五歳で完成された長編小説千五百枚の魅力

中村三春

一　作家森敦の生涯と作品

私がお話ししようとするのは、まさに「生・老・死・力の作家」とも呼ぶべき森敦（一九一二〜一九八九年）の晩年の大作『われ逝くもののごとく』についてです。森は、若年で文壇デビューし、その後四〇年間の放浪ののち、芥川賞受賞を契機として、六十代・七十代で大ブレークしました。その小説理論は、位相幾何学・光学・真言密教に基づくユニークなものであり、生と死の写像関係において人間を定義する力の作家といえます。まさに「老いてなお翔る」代表的な文士・森の生涯を、まずは概観してみましょう。

○森敦略年譜

一九一二（明45・大元）　長崎市銀屋町にて生まれる。

一九三一（昭６）　京城中学より第一高等学校に入学。

一九三四（昭９）　横光利一の推輓により、「酩酊船」を『東京日日（大阪毎日）新聞』に連載（三月～四月）。

一九三五（昭10）　奈良・瑜伽山下の天満町に住み、前田暘と出会い、将来を約束する。

一九三九（昭14）　前田暘とともに酒田市を訪れ、吹浦の海岸へ行く。

一九四〇（昭15）　富岡光学機械製造所雪ケ谷本社（東京・大森）に入社。

一九四一（昭16）　前田暘（本籍・飽海郡北俣村字吉ケ沢四拾八番地）と結婚。媒酌人・横光利一。

一九四九～五〇（昭24～25）　米の調達のため、北俣村吉ケ沢（のちに平田町）の妻の里を訪ね、吹浦・酒田・狩川・鶴岡・大山・湯野浜などを徘徊することが多くなる。

一九五一（昭26）　東田川郡朝日村七五三掛《しめかけ》の注連寺に滞在する（八月～翌年初夏）。

一九五五（昭30）　東田川郡狩川町、北俣村、湯野浜、遊佐町字吹浦に滞在（三月～一〇月）。酒田市に転居（一一月）、五八年三月頃まで住む。

一九五七（昭32）　三重県尾鷲市の電源開発臨時雇員となり、尾鷲印刷所内に住む。

一九六〇（昭35）　新潟県西蒲原郡弥彦村に住む。

一九六二（昭37）　西田川郡大山町に転居（四月）、六四年まで住む。

一九六五(昭40)　上京、千代田出版印刷に就職。

一九六八(昭43)　同人誌『ポリタイア』発行。

一九七四(昭49)　『月山』(『季刊芸術』一九七三年七月)が第七〇回芥川賞を受賞(一月)。

一九七七(昭52)　鶴岡市清水の山に、森の山の供養の取材のため登る(八月)。『われ逝くもののごとく』の着想となる。

一九八〇(昭55)　取材のため、山形市・山寺、寒河江市・慈恩寺を訪ね、大日坊・注連寺を再訪する(一一月)。

一九八一(昭56)　注連寺境内に建立された森敦文学記念碑の除幕式を行う(八月)。

一九八四(昭59)　『われ逝くもののごとく』取材のため、東田川郡櫛引町で黒川能、酒田市で黒森歌舞伎を見る(二月)。『群像』に『われ逝くもののごとく』の連載(三月〜八七年二月)。

一九八七(昭62)　『われ逝くもののごとく』(五月、講談社)が第四〇回野間文芸賞を受賞(一二月)。

一九八九(昭64・平元)　腹部大動脈瘤破裂のため、東京で死去(七月)。


この年譜から、森の遍歴に関わるトピックを拾ってみますと、彼は長崎に生まれ、初めは漢籍に親しんだようです。『われ逝くもののごとく』という題名も『論語』からとられていますが、森の教養の基盤は漢籍であるといえます。次いで京城公立中学校に学び、この頃には数学に傾倒して、のちに文芸理論や死生観の基礎となる位相幾何学に親しんでいます。そして第一高等学校文科甲類では、フランス文学に親しみ、本格的に文学の道を志します。卒業後、作家横光利一に師事し、横光の推挽により『酩酊船』という小説を新聞連載しますが、もちろんこの題名はランボーの詩からとられています。しかしその後、森は全国各地を放浪する生活に入り、松本・奈良・樺太・東京・岡山・庄内・尾鷲・弥彦・東京などを転々とします。戦時中は富岡光学機械製造所に勤務しますが、これは戦闘機の照準器を製作する軍需工場であり、ここで森は光学に親しみ、のちにそれはレンズの比喩で文学を語ることにもつながります。そして昭和四九年に『月山』で芥川賞を受賞し、一躍、流行作家として上りつめます。当時は文業のほか、テレビ・ラジオなどマスメディアにも積極的に出演して、多くの分野に関して発言をしていました。

森の主要作品としては、まず『酩酊船』(一九三一年)があります。これは、アンドレ・ジイドの『贋金つかい』(一九二六年)に学んだ〝小説についての小説〟、いわゆるメタフィクションの実践です。つまり小説はいかに書くべきかということ自体がテーマの小説です。また、放浪中に書きためられていた『吹雪からのたより』(一九五六~五七年)という文芸理論ノートも重要です。その内容などを短編小説集にまとめた『意味の変容』(一九六五年~)もまた、文芸理論や死生論を直接に扱った、小説と論文の中間のような作品です。そして芥川賞を受賞した『月山』(一九七三年)は、山形県朝日村・注連寺を舞台とする短編で、そのテーマは死・生そして再生であるといえます。さらに『われ逝くもののごとく』(一九八四年)は、山形県加茂・庄内一円を舞台とした大長編であり、『月山』のテーマをさらに展開または反転したものといえます。これは野間文芸賞を受賞しました。

二　森敦の文芸理論と死生観

森は、文学と人生を併せた基本的なスタンスとして、「ジャンル」と「構造」の形成ということをいいます。エッセー「私にとって文学とはなにか」(『朝日新聞』一九七四年二月二〇日付夕刊)では、「君らがそうして私に知識を語る間は、まだ駄目だ。知識などというものは、いかにそれが新しいものにしろ、すでになにかのジャンルに属している。重要なのは、君らがこのジャンルを新たに開いて、前人未踏の境地に立つことである。そのためには、まずなによりもその知識を捨て、君らの定義によって、君らの構造をつくらねばならぬ」と述べています。「ジャンル」とは、現実の多様性に対応するための言語や行動の枠組み、カテゴリーであり、「構造」とは、そのカテゴリーを実践するための具体的な方法論ということでしょうか。特に文学について、森は「小説は構造そのものをもって主張しなければならぬ」と、『吹雪からのたより』「ノートB」(一九五七年二月八日付)に記しています。森の打ち立てた「構造」とは、それでは何だったのでしょうか。『吹雪からのたより』「ノートA」(一九五六年六月八日付)には、次のような一節があります。

「非密蔽小説は決して世界そのものではないが、世界を想定するものである」ということから、次のことが演繹されるとおもいます。
一、非密蔽小説は必ずしも到るところ連続ではないが、
二、密蔽小説は到るところ連続するものである
もし一例として、非密蔽小説の場合トルストイをかんがえ、密蔽小説の場合ドストエフスキイを考えるなら、あなたもおそらくわたくしの断言を確認して下さると信じます。技法としての天才は、トルストイの場合はカット・バックに、ドストエフスキイの場合は連続に発揮されているのです。

この「密蔽小説」と「非密蔽小説」が、森の提示した小説の「構造」のあり方です。このうち「密蔽小説」とは、内部的に緊密で理念的な純粋小説、「非密蔽小説」とは、外部の要素を取り入れた現実的要素を持つ小説と考えてよいでしょう。

この理論を適用するならば、森が二三歳のときに書いた最初の長編小説『酩酊船』では、「蒖日記」と名付けた創作ノートに自分の小説構想を綴る主人公の「私」が、その名のとおり、ニコチン中毒で妄想を見るまでになります。この「私」が、現実と幻想との区別のつかない状態で創作を続けようとする、いわば小説の題材が小説そのものであるという点において、典型的な「密蔽小説」として出発します。しかし『酩酊船』は後半になると、かつて同棲し、そして姿を消した女性との

関わりにおいて、自分のした仕打ちに対して自責の念を感じるところに至っています。いわばこの結末において、現実の介入を許す「非密蔽小説」の構造が芸術至上主義的な「密蔽小説」の構造を揺るがすのです。こうして、ある意味では小説形式の全幅をとらえたといってよい文壇デビュー作『酩酊船』を書いてしまったことにより、森は小説の可能性について、全面的・根源的な思索の必要を痛感したのではないでしょうか。それこそが、その後四〇年間にも及ぶ、森の放浪生活の一契機であったのではないかと、私は想像するものです。

『意味の変容』において興味を惹かれるのは、位相幾何学の近傍(neighborhood)の理論によって、小説さらには死と生を理解する方法論が登場することです。円の内部と外部とのすべての点を対応させることができる(OA・OB＝2r、ただしOは円の中心、Aは円内の点、Bは円外の点、rは円の半径)とする公式によって、まず、「密蔽」(円内)と「非密蔽」(円内＋円外)とは対応することとなり、つまりは「密蔽小説」と「非密蔽小説」とも通底するという理論が得られます。また、これは死と生との関係としても理解できます。すなわち、生が円内、死が円外であるとしても、生の空間はその各時点において、死の空間と対応するということができるのです。「君は生きている限りは生きて、この生を逃れることができないと言った。しかし、幽明境がそれに属せざる領域としてのぼくらの生は、そのままで幽明境がそれに属する領域になる。どうして生の中に、死を実現することができぬだろう。すくなくとも、外部は内部に実現することができるのだよ。いや、内部を外部に実現することもできる」と、『意味の変容』所収の「死者の眼」には述べられています。こうして、死と生とが相互に嵌入《かんにゅう》(お互いにはめあわされていること)しているとする死生観が確立され、それによって森の代表的な小説作品は創作されることになるのです。おそらく、このような透徹した死生観を、位相幾何学や文芸理論との関わりにおいて構築するまでに要した時間が、森の、あの四〇年間の放浪であったのではないでしょうか。

三 『月山』の同心円的空間

芥川賞受賞作『月山』は、ある意味では不思議な作品です。これは山形県朝日村(今は鶴岡市の一部)七五三掛《しめかけ》地区の注連寺という古寺に、どこからともなく訪れた「私」が逗留して一冬を過ごし、春が来てまたどこへともなく去っていくという物語で、特に事件らしい事件も起ることはありません。また「です・ます」体で書かれていることもあり、若い頃にこれを初めて読んだとき、私は「何だこれは?」と感じたものでした。しかし、読後その価値がじわじわと身体に沁みてくるという類の小説です。冒頭は印象深い次のような一節から始まります。

未だ生を知らず/焉ぞ死を知らん

ながく庄内平野を転々としながらも、わたしはその裏ともいうべき肘折《ひじおり》の渓谷にわけ入るまで、月山《がっさん》がなぜ月《つき》の山と呼ばれるかを知りませんでした。そのときは、折からの豪雪で、危く行き倒れになるところを助けられ、からくも目ざす渓谷に辿りついたのですが、彼方に白く輝くまどかな山があり、この世ならぬ月の出を目《ま》のあたりにしたようで、かえってこれがあの月山だとは気さえつかずにいたのです。しかも、この渓谷がすでに月山であるのに、月山がなお彼方に月のように見えるのを不思議に思ったばかりでありません。これからも月山は、渓谷の彼方につねにまどかな姿を見せ、いつとはなくまどかに拡がる雪のスロープに導くと言うのをほとんど夢心地で聞いたのです。

それというのも、庄内平野を見おろして日本海の気流を受けて立つ月山からは、思いも及ばぬ姿だったからでしょう。その月山は、遙かな庄内平野の北限に、富士に似た山裾を海に曳く鳥海山《ちょうかいざん》と対峙して、右に朝日連峰を覗かせながら金峰山《きんぽうざん》を侍らせ、左に鳥海山へと延びる山々を連亙《れんこう》させて、臥した牛の背のように悠揚として空に曳くながい稜線から、雪崩れるごとくその山腹を強く平野へと落としている。すなわち、月山は月山と呼ばれるゆえんを知ろうとする者にはその本然《ほんねん》の姿を見せず、本然の姿を見ようとする者には月山と呼ばれるゆえんを語ろうとしないのです。月山が、古来、死者の行くあの世の山とされていたのも、死こそはわたしたちにとってまさにあるべき唯一のものでありながら、そのいかなるものかを覗わせようとせず、ひとたび覗えば語ることを許さぬ、死のたくらみめいたものを感じさせるためかも知れません。

ここにはこの小説の基本的な構造が、すでに明確に書き込まれています。それは、同心円的空間です。すなわち、最も外側には外部へとつながる庄内平野が広がり、その内側に湯殿山系が展開し、そしてその「山ふところ」と呼ばれる場所に七五三掛の部落《むら》があります。そこの注連寺という古刹の、さらに二階に「私」は陣取り、防虫ではなく防寒のために蚊帳を吊って、その内部で冬籠もりをします。この蚊帳室は、内部で天の夢を見る天の虫とも呼ばれる蚕の繭にもたとえられています。そしてこの同心円的空間の外側から「私」は到来して、最も内側の蚊帳室に籠もり、そして結末では再び外側へと去っていくのです。またこの同心円的空間は、単に平面的な広がりを持つだけではなく、中心において天の夢を夢見ることから、垂直の方向性、つまり天上的な聖なるものへと向かう志向をも秘めていると考えられます。

国文学者の折口信夫は「国文学の発生」という論文において、古代、宗教と文学とは起源を等しくし、いずれも共同体の外からやってきた異人(神)の来訪の記憶を、後世に伝えるための言語であったと論じ、その到来者を「まれびと」と呼びました。文学は「まれびと」の記憶を共同体の中に留めるものということです。注連寺には御本尊として鉄門海上人《てつもんかいじょうにん》のミイラがあり、鉄門海上人は生身入定《しょうじんにゅうじょう》、つまり仏塚と呼ばれる穴に籠もって食を絶ち、お経を唱えながら死を迎えるという仕方で身罷《みまか》ったとされています。またそのミイラも、実際には「吹き」(吹雪)で行き倒れとなった「やっこ」(浮浪者)の死体を、燻して作ったともいわれ、なぜかというとそれは部落で行っていた酒の密造を税務署に密告した真犯人の代わりに、村人の恨みを解消するためであったともいわれます。いわばこのミイラは、共同体の結束の象徴としての、一種のトーテム(聖なる対象)となっていたのです。そして「私」が籠もった蚊帳室は、まさにその仏塚に見立てられます。「私」が天の夢を見る蚕の繭さながらに一冬を暮らし、やがて去っていくというこの物語は、「私」が一種の「まれびと」として生身入定を象徴的な形で行う、死と再生の儀礼の反復を内包していると思われます。

厳しい冬と風土に囲まれたこの土地では、死は日常と決して無縁の出来事ではありませんでした。「私」が地域の老人や奥さん方との交流から知ったのは、彼らがこぞって肉親を失い、ことごとく死別の辛さを経験してきたと同時に、そのような死が、生の各瞬間を浸《ひた》し、死と生とが切っても切り離せない関係になっている生活のあり方でした。『月山』はそのような死と生との嵌入の様相を、同心円的な聖なる空間という、いかにも「密蔽小説」的な構造によって表現した、一個の言葉の結晶であるといえます。

四　『われ逝くもののごとく』の構造

ようやく今回の主題である『われ逝くもののごとく』にたどりつきました。ところで、この千五百枚にも上る大長編に着手したとき、作者は七二歳、完成時には七五歳になっていたのですが、読んでみるとまったく老衰や老臭といったものを感じさせません。いや、本書の内容はまさに死であり、また老人も登場するのですが、その筆致・構成・ストーリーテリングは、二三歳で書いた『酩酊船』をはるかに超えた、パワフルで生命力あふれるものです。はなはだ逆説的なのですが、森は老いや死をテーマに小説を書きましたが、作品を見る限り、本人は老いとは無縁の、まさに年をとるほどに若返った作家だったようにさえ感じられるのです。

『月山』には、「未だ生を知らず／焉ぞ死を知らん」という、『論語』の文句がエピグラフにとられていました。『意味の変容』にはおもしろい一節があって、これは数学・論理学の「対偶命題」をとれば、「既に死を知らば／何ぞ生を知らざらん」に変換できるというのです。『月山』はたしかに、まだ生の何たるかを知らないような「私」が語り手となっていましたが、『われ逝くもののごとく』は逆に、登場人物の実におびただしい死の物語を連綿と描くことによって、逆に生のありかを極めるという構造の小説になっています。その意味では、『われ逝くもののごとく』は『月山』を反転して大拡張した作品ということもできます。

逝《ゆ》くものかくのごときかな　昼夜を舎《お》かず

羽越本線が日本海を離れて、庄内平野に入ろうとするとき、なおその眺望を遮ろうとするように、左手に荒倉山《あらくらやま》が見え、それに連亙する高館山《たかだてやま》が見えて来ます。荒倉山の麓には西目《にしめ》があり、高館山の麓には大山《おおやま》がある。西目は酒所《さかどころ》大山に比ぶべくもない村落ですが、かつて荒倉山が出羽神社を勧請《かんじょう》して、西の羽黒と呼ばれたころは宿坊等も多く、おろそかならぬ所であったのです。これが荒廃に至ったのは、悪名高い武藤家に犯され、武勇の上杉家に掠められ、一切の行法ともども一山を挙げて、羽黒に逃れ去ったからだといいます。

しかし、やがて縹渺《ひょうびょう》として眺望が開け、庄内平野がその全貌を現して来る。早くも遙か彼方右手からは月山《がっさん》、前方からは鳥海山《ちょうかいざん》が見えます。月山を背にしては城下町鶴岡《つるおか》があり、鳥海山を背にしては商港酒田《さかた》があります。加うるに、高館山はいつしか消えて、果てもなく連なる砂丘の防風林になり、西目や大山のことなど忘れてしまうのです。況んや、これから物語ろうとする加茂《かも》を、思いだすひともないでありましょう。加茂は連亙する荒倉山と高館山に隠れた、眇然《びょうぜん》たる海港であります。

一見、『月山』とよく似た書き出しですが、実は一八〇度逆のコンセプトによっているともいえます。すなわち、羽越本線の進行に沿って、荒倉山・高館山の眺望から始まり、まず西目・大山、次いで月山・鳥海山が見えると、鶴岡・酒田と続き、そして主要な舞台となる加茂が点描されます。何加茂は現在、クラゲの展示で有名な鶴岡市立加茂水族館があり、海(日本海)に開かれています。何よりもこの『われ逝くもののごとく』という小説が、同心円的な『月山』の空間とは異なり、庄内平野一円を広く往来する開かれた空間、いわば交通空間を本質とするような物語から成っているのです。そして、その場所と場所とを連絡するのは、『月山』ではミイラの素材とされていた「やっこ」(浮浪者)です。「やっこ」は物乞いのために頻繁に移動し、それとともに情報(噂)を伝達します。また物語の結末で、「やっこ」は特別な意味も与えられることになります。

ところで、この小説はきわめて意識的な語りの技巧を用いています。物語の大半は、登場しない語り手によって語られますが、部分的には「わたし」という一人称の語り手が語ります。その概要と全体に占める分量の割合は、次のようなものです。

A　物語に登場しない語り手(数々の死の物語)　84％
B　「わたし」の登場(Aの物語の語り直し)　8％
A′　再び、Aの語り手(Bの物語以後の物語)　4％
B′　再び、「わたし」の登場(結末の物語)　4％

AとA′の部分は、物語の局外者と思われる語り手が語りますが、BとB′の部分は、物語の内部の人物、むしろ主人公として位置を占める語り手兼人物が、自分の実体験として物語を進めます。これによって、物語の世界は複雑となり、同じ局面が別の観点から複数回語られるとともに、この物語の真の根源がどこにあるかに関して、深い意味を予想させるものともなっています。さらに、サキのじいさまの「ほろけ」(呆け)や、やっこのお葉の「神がかり」などの場面は、語り手を介さない人物内部の直接的な言説、いわゆる内的独白を用いた「意識の流れの手法」(stream of consciousness technique)が試みられています。これらの語りの手法は、ジェームズ・ジョイスの『ユリシーズ』やウィリアム・フォークナーの『響きと怒り』など、現代小説で試みられた先端的小説理論とつながるものです。私の考えでは、この小説が翻訳されて世界に紹介されれば、現在でもそれなりに話題になるだろうと思います。

このような語りの内部で語られるのは、陸続たる死の物語です。一応の主人公は、少女サキなのでしょうが、BおよびB′の語り手もまた、かなり主人公らしい人物ともいえます。物語の前進力となるのは、死の連鎖です。サキのだだ(父)は戦死して戻らず、それを供養しなかったサキのじさまは、海岸の獅子岩で死体となって発見され、その通夜の晩にサキのばさまは、「笑い中風」で頓死します。サキのだだの最初の女と言われたあねま(遊女)のお玉は、サキのだだの後追いのため自殺し、日親丸の親方のがが(妻)は、親方とサキのがが(母)の関係を知ってか農薬自殺を遂げます。「いけずのもの知り」と言われた漁師は船から身を投げ、復員した義太郎も船で遭難します。あねま屋のかあちゃん(女将)の大黒様はトラック事故で死に、おやじの恵比須様は、娘として可愛がっていたサキを犯してのち、お玉と同じ林で縊死し、「神がかり」のお葉は小屋に放火して焼死、日親丸の親方もまた遭難し、最後に自称・千両役者の「善念大日様」も、チャブ屋(曖昧宿)を開いた元あねまのお里の目の前で縊死して果てます。

この膨大な死の連鎖の起点となっているのは、お玉がサキのだだに持たせた善宝寺の龍神様のお札を、サキのがが嫉妬から捨てたこと、そのためにお玉が後追いの願望を実践に移したこと、そしてまたそれを元あねまの鶴岡の神様（霊媒師）の口寄せによって知ったサキのじさまもまた、息子であるサキのだだの戦死を信じたくないあまりに、一切の供養をしなかったこと、などとして示唆されています。サキのじさまは、苦労して注連寺まで上ったのに、供養をせず、その後転落死を遂げるのです。そのほかにも、予知能力を持つやっこの安や、「霊指」を持つとされる自称「善念大日様」、やはり霊界と関わりを持つらしい「神がかり」のお葉など、超日常的な人物は多く登場します。しかし、物語の全体が龍神様の祟りだと、明確に述べられているわけではありません。これは、個人の意志がこの世界の奥底にある摂理と、軋轢・確執を繰り広げながらも融合し、即《つ》かず離れずの形で生を営む、そのような世界です。

カナダの学者ノースロップ・フライは『批評の解剖』という研究書の中で、単に物語を直線的に追求するのではなく、そのあいだに数々の蘊蓄や情報を盛り込むような作品を「百科事典的形式」(encyclopaedic form)と呼び、ダンテの『神曲』やメルヴィルの『白鯨』をその中に数えています。『われ逝くもののごとく』もまた、いわば山形・庄内の百科事典です。そこには庄内の地誌・衣食住・交通・性・経済・信仰などの情報が満載されています。これは『月山』などにも見られた庄内という場所の概念化された構造を、再び現実に適用して得られた総合的な表現にほかなりません。ここで龍神様のお守りは、単に呪術的なアイテムというのではなく、そこここへ運ばれることにより、一種の移動する聖域を形作ります。そこでは聖と俗、夢と現《うつつ》とが紙一重で同居し、反転を繰り広げるのです。

五　死と生との嵌入

ところで、《われ逝くもののごとく》という言葉は、サキに「ハーメルンの笛吹きじさまの話」などを教え、赤褐のセッターとともに海岸の洞窟に住んでいたという「西目の男」の呼び名でしたが、この男は、さまざまな追求・探索にもかかわらず、物語に最後まで姿を現しません。サキのただの後追いをし、人々の心に深く刻まれたあねまのお玉を「情」の中心とすれば、この「西目の男」は、この小説の「知」の中心ということができます。いずれも、人々の記憶の中でしか働かないのに、この小説では誰よりも重要な意味を帯びています。サミュエル・ベケットは『ゴドーを待ちながら』という戯曲において、さんざん待っていても結局ゴドーは現れない、という物語を展開し、現代の不条理演劇の代表作となりました。そのような、いわば現前しない、空虚としての中心という設定を、わが『われ逝くもののごとく』もまた分かち持っているということになります。

それでは、《われ逝くもののごとく》という言葉は、いったいどのような機能を持つものなのでしょうか。例の「西目の男」について、人々は次のような会話を行います。

「ほんとの西目でねえ?」

「ンだ。ほんとの西目だば、赤褐のセッターがついて来ねえてことはねえもんだし」

「ンだか」

「それに、ほんとの西目はいねえで」〔……〕

「帰《けえ》ってくることは、帰って来るんでろの」

「知らねえ。「われ逝くもののごとく」って笑うひとださけの」

「「われ逝くもののごとく」どうしたって言うんでろ」

すでにほんとの西目がいるので、呼びようもなくみなを困らせていた男がそう言うと、だれかが笑って、

「んだ。わァ（お前）も「われ逝くもののごとく」にせろちゃ、ほんとの西目がおるさけ、わァ（お前）も西目と呼べねえでいんなださけ」

「「われ逝くもののごとく」だか。したば、ほんとの西目はどう呼ぶもんだか」

「「われ逝くもののごとく」でねえか。だども、ほんとの西目はどこさ行ったか知れねえもんだ。「われ逝くもののごとく」と言えばわァ（お前）だの」

みなはしきりにおらんで、「われ逝くもののごとく」と言いはじめ、ほんとの西目がいるので呼びようもなくみなを困らせていた男が「われ逝くもののごとく」と呼ばれるようになりました。そればかりではありません。なにが面白いのか、やがては子供たちの間にも拡がり、なにかを見ると「われ逝くもののごとく」と叫ぶのを聞くようになったのです。

すなわち、《われ逝くもののごとく》とは、次々と伝染し、伝播することによって、誰でもよく、誰もが持つものとなるのです。もともとこの言葉は、『論語』にある「子、川の上に在りて曰わく、逝く者は斯の如きか。昼夜を舎《お》かず」（『論語』巻第五、子罕編第九）を典拠としています。この題名の意味は、〝私は死する者のように〟ということであり、《われ》はこの死すべきものという同じ理念を分かち合い、ひとつの大きな死の流れに合流することによって、生の中に存在しているということでしょう。それは、個人の区別を超えて、どのような行為・思考であっても、死すべき、流転の中にあるという理念であるといえます。「色即是空」、すなわち〝形あるものは皆空でしかない〟（『般若心経』）という仏典の教えと、これは響き合うものであります。たとえば三島由紀夫の『豊饒の海』は、死後の転生の理念を、その虚妄性とともに物語化したものであり、ガルシア＝マルケスの『百年の孤独』は、円環的な時間とその崩壊を描く年代記でした。さらに中上健次の『千年の愉楽』や『奇蹟』などの小説もまた、語り部オリュウノオバの「死者の書」でありました。私の見るところ、『われ逝くもののごとく』は、これらの重要作品と同等の内容を持つ傑作であると思われます。

六　『われ逝くもののごとく』の真実

さて、残る問題は、「わたし」の存在です。この「わたし」とは誰でしょうか。作中では、「わたし」は、本宮のなにないかいさま（本宮の何とかいう名家の奥方）と言われる女性を、「優しいあの人」と呼んでいます。「もし優しいあの人に抱かれなければ、わたしはほんとうの女を知らずにしまったかもしれません」とも、「わたしが放浪をはじめたのは、そうして姿を消した優しいあの人の声を忘れようがためだったのです」とも述べられています。この女性と「わたし」との関係は、具体的には知るよしもありません。しかし、「わたし」がこの地域と深い関わりのある人物であることは確かです。語り手であるこの「わたし」を登場させたことにより、この作品はいっそう、真に迫るものとなったといえます。この作品で提示されている真実とは、それではいったい何でしょうか。小説の結末で、「わたし」は思い出の場所としての十二滝を再訪します。ところが、その十二滝は昔とはだいぶ変わっていました。

なんとか十二滝に着きましたが、湯ノ田温泉のなになに屋の若主人を車に残して山峡にはいると、様子がガラリと変わっています。すべては枯木のごとく紅葉も黄葉もないのは当たり前としても、左岸に迫る峨々たる山腹を切って林道をつくり、かつそのための側壁を積み上げようとして、あの美しい滑らかな大きな岩が無惨にもことごとく打ち砕かれている。いまや遠く木霊してきたあの幽邃な音もなく、滝そのものは依然として見えないが、あらわに騒々しく水が落ちているようです。それがわたしに清水の山の「森の供養」を思いださせ、子供たちが口々に叫んだように「われ逝くもののごとく」「われ逝くもののごとく」と聞こえはじめました。あれはだれが言ったのか。ほんとの姿はみな恐ろしいもんだ。ンださけ、ほんとの姿は

「ごとく」としか言えねえ。だども、「ごとく」ですませてはなんねえ。いつかだれもほんとの姿を見ねばなんねえさけの。

降り来る雪に暮れ残った枯木のような枝先に、不思議に一枚小さな紅葉《もみじ》が舞っている。打ち砕かれた惨憺たる渓底から、次第に高くなる工事なかばの林道に足を向けると、こなたに背を向けた岩乗な作業服の男が現れました。ヘルメットをかぶり脚絆に身を固めているが、髪もすでに半白のようです。あれはいったいだれなのか。なぜわたしに背を向けているのか。それはわたしだからではないのか。雪はようやく本降りになって来ました。鉄槌はすでにわたしの掌中にあります。満身の力をこめ、足下の岩石を打ち砕こうとして鉄槌を振り上げ、打ち下ろそうとして振り上げた鉄槌をしばし頭上に止どめると、不思議に歌が聞こえるのです。

ああ、世は夢か幻か

「「ごとく」ですませてはなんねえ。いつかだれもほんとの姿を見ねばなんねえ」というのはどのようなことでしょうか。人間の生はいずれも、それ自身ではない何ものかの表現であるといえます。つまり、人は生きている限り、欲望を持ち、自分以外の誰かや何物かとの関わりを志向し、未来へ向けて企画を行い、そしてその企画を実行に移そうとします。それが生の基本でしょう。したがって、それ自身がそれ自身と一致するというのは、死でしかありません。例の「西目の男」の「双子の片割れ」とも示唆される白髪の老紳士は、「では、そうでなくてあるところのものがあるだろうか。ある！　それは、やっこだ。やっこはただひとり寓話の中に生きている。いや、やっこそのものがすでに寓話だ。それはぼくらのように、実在が表現によってあろうとせず、表現が実在によってあろうとしないからではないだろうか」と言っています。「やっこそのものがすでに寓話」だというのは、「やっこ」が、生きてはいても実は死の姿のままに生きているからでしょう。言い換えれば、生の世界の根底にあって、最も死を体現する存在、それが「やっこ」であるのです。《われ逝くもののごとく》、すなわち、〝私は死にゆく者のように〟生きるという生き方をただ一人実践しているのが「やっこ」なのです。

　この結末の、林道工事によって変貌した十二滝の場面で、作業服の男はいわば変化の主役であり、流転そのものと一体化した人物として認められています。「わたし」はここで、あたかも自分の描いている絵の中に入り込み、物語と一体化し、自らがこの物語そのものとなって、この壮大な小説の構造の最後の扉を閉めるのです。「ああ、世は夢か幻か」。これこそ、死と生との相互嵌入を突き詰めたこの小説が到達した、最後の境地にほかなりません。

　以上、『われ逝くもののごとく』は、その小説技法の面においても思想の面においても、世界文芸的な視野から見て比類のない小説であるといえます。特に、死と生との相互嵌入、死とともにある生のテーマは、リルケ、堀辰雄、福永武彦、さらには村上春樹などにも及び、文芸の一大潮流となっています。その中でこの小説は、生の根底的な無意味さという仏教的な理念と、生の豊かさや、人と人との結びつきの尊さという現世的な理念とを渾然止揚し、それと密教思想や山形・庄内の地誌・風土情報をもふんだんに融合昇華した、優れた作品であることは疑いもありません。その死生観のあり方は、ギスギスした世相の横行する今日の私たちにとっても、評価しなければならない部分が、多々あるように思います。

【付記】より専門的な森敦解説は、次のものをご参照ください。②はインターネット上でも読むことができます。

①中村三春「作家案内・森敦――〈ジャンル〉と〈構造〉の旅」(『浄土』所収、講談社文芸文庫、一九九六年三月)

②中村三春「森敦『われ逝くもののごとく』の構造」(『山形大学紀要(人文科学)』第一六巻第三号、二〇〇八年二月)http://repo.lib.yamagata-u.ac.jp/archive/kiyou/kiyouh/kiyouh-16-3-001to023.pdf

森敦のテクストは、筑摩書房版『森敦全集』所収のものを用いました。

第七話　みんな、仙人になりたいか⁉

武田雅哉

きょうは、われわれが仙人になった場合を想定して、かれらの生活のあれこれについてご紹介しますので、みなさんの中の仙人希望者が、将来において快適な仙人ライフを送るための、ささやかな参考としていただければ幸いに存じます。

一　そもそも「仙人」とは何か？

仙人と一口にいっても、そのイメージは時代によって異なるようです。では、そもそも「仙人」とはどういう意味なのでしょう？　「人」はまずよろしいとしても「仙」の意味は？

「仙」の字を「山の人」と解釈するものもあり、仙人が山の奥に住んで修行をしていることを表しているとも読めますが、これはどうもこじつけのようです。「仙」の字は、わりと新しい字で、古くは「僊」の字が用いられていました。漢代の許慎《きょしん》が編んだ字書『説文解字《せつもんかいじ》』には、「僊とは、長生して僊去すること」と書かれています。清代になってから、この字書に注を付けた段玉裁《だんぎょくさい》によれば、「僊去とは、䙴去《せんきょ》すること」だそうですが、「䙴去」というのは、高いところに上ることです。段玉裁はそういって、『荘子』の「千歳で世を厭い、去って上䙴する」を引いています。また『詩経』の用例を引いて「僊僊《せんせん》とは、舞って袖が飛揚すること」と説いています。やはり漢代の字書『釈名《しゃくみょう》』によれば、「老いて死なないものを仙という。仙は僊である。山に遷入すること。だから人の字の横に山を書くのだ。……仙の字が通行して僊の字は廃れた」とのことです。

つまりは、もともとの「僊」の字は、死ぬこと(昇天)を暗に含めた「飛翔すること」であるということになりましょうか。つまり仙人という語彙は「飛ぶ人」と言い換えてもよろしいかもしれません。

晋の『神仙伝』「彭祖《ほうそ》」には、仙人の彭祖による言葉として、次のような仙人の定義が見えています。

仙人というものは、あるいは雲の中に飛び上がり、羽なくして飛ぶ。あるいは龍に乗り、雲に乗って、天の宮殿に行く。あるいは鳥獣に化して太空を飛びまわり、あるいは河や海に潜り、名山に飛び翔る。

『天仙品』(『太平御覧』巻六六二に引く)という文献には、仙人について次のような定義がなされています。

雲中を飛行し、神と化して軽挙するもの。これを天仙とする。また、飛仙ともいう。

これもまた、仙人の主要な行動のひとつに「飛翔」があることを示唆しています。ここに見える「軽挙」という語彙ですが、現代の日本語では「軽挙妄動」などのように、軽率な行動をとることとして用いられる例が多いようですが、本義は「軽々しく飛び上がること」であります。この「軽挙」のように、「飛翔」を意味する、さまざまなことばがあります。「飛昇」「昇天」「軽挙」(『楚辞』「遠遊」)、「昇挙」「登真」「挙形昇虚」(『抱朴子』内編「論仙」)など、いずれも「飛び上がること」に類した語彙が見出されるのです。

また、仙人がどのような飛翔をするのかについては、次のような描写もあります。

風に御して行き、冷然として善し(『荘子』「逍遥遊」)

風に随って東西すること、木の葉や乾いたもみ殻のごとく(『列子』「黄帝」)

図7-1　岳陽桜に現れた仙人，呂洞濱

出典）The Metropolitan Museum of Art, New York, Roger Fund (17.170.2) (Stephen Little with Shawn Eichman, Taoism and The Arts of China, The Art Institute of Chicago, 2000, p. 122)

この飛び方を見る限り、スーパーマンのように、何かのために飛ぶ、あるいは明確な目的地をめざして飛ぶ、というのではないようです。身を軽くして、風に吹かれるままに、飛ぶのではなく、飛ばされることが目的であるかのようです。

ここに、ある仙人の飛行を描いた絵があります(図7-1)。これを見てもおわかりでしょう。こぶしを握った腕を前方につきだして飛ぶ、あのスーパーマン的な飛行はどこにも見られません。ただ中空にボーッと立っているだけの男が、そのままふらふらと移動しているのです。

二　空の飛び方のいろいろ

仙人伝を読むと、かれらはたしかに、とりあえずの目標としては、飛翔することをめざしているようです。「仙人の飛翔」というのは、あるいは同義反復であるといえるでしょう。

『列仙伝』(前漢末、劉向)や『神仙伝』(晋、葛洪)などの仙人伝を参考にして、具体的な仙人たちの飛翔の方法について整理してみましょう。

まず、煙にのって飛翔するもの(寧封子、嘯父など。いずれも『列仙伝』)、あるいは風雨にのって飛翔するもの(赤松子、赤将子輿、馬丹など。いずれも『列仙伝』)がいます。

次に、神獣に騎乗することによって飛翔する人たちがいますが、その動物はさまざまです。龍に乗るものあれば(馬師皇、黄帝、騎龍鳴、陶安公など。以上『列仙伝』。葛越、平仲節など。以上『神仙伝』)、鶴に乗るものあり(王子喬など。『列仙伝』)(図7-2)、鳳凰に乗るものもあります(蕭史など。『列仙伝』)。これらの飛行動物のほかにも、いかにも飛びそうにない動物ですが、赤鯉に乗るものもいました(子英など。『列仙伝』)(図7-3)。

図7-2　鶴に乗って飛ぶ王子喬

出典)『列仙全伝』(瀧本弘之編著『中国歴史人物大図典〈神話・伝説編〉』遊子館, 2005年, 131頁)。

仙人の飛翔の手段として、われ

図7-3　空飛ぶ赤鯉に乗る子英

出典）『列仙全伝』(同上書，246 頁)。

われ現代人にはあまり真似ができないのが、「薬物による飛翔」です。

『神農本草経』という薬物学の本をひもといてみますと、「大一禹余糧」は「身を軽くして飛行すること千里、神仙となる」とあり、「松脂」は、「長く服用すれば、身を軽くし、老いず、年を延ばすことができる」とあります。このほか、牡桂、菌桂、芝などにも、「身を軽くする」という効能が見えます。

これらの特殊な薬物に多く見られる効能として、「飢えない、渇かない」「寒暑に耐える」「身が軽くなる」「千里を飛行する」「水の上を歩く」などがあり、これら常人にはできない行動の代表として、飛翔が強調されているようです。さらに「飛丹」と命名される、まさに飛翔のための薬物がリストアップされています。これは、飛行するための水銀・鉛系の丸薬のようです。『列仙伝』からひとつだけ、そんな話を読んでみましょう。

主柱はどこの人であったかわからない。道士とともに、宕山《とうざん》に登ったとき、「この山には丹砂があり、何万斤でも手に入る」と言った。宕山の代官がこれを知り、山に登り、これを封鎖してしまった。すると、丹砂が燃え上がる火のように流れ出したので、ついに、主柱に採取してもよろしいとの許可を出した。代官の章氏は、丹砂の服用法を三年のあいだ学び、飛雪という極上の丹砂を手に入れ、これを五年のあいだ服用して、空を飛ぶことができるようになった。そしてついに、主柱とともに飛び去ってしまった。(「主柱」)

また、「丹薬を作って昇天した」という描写は、仙人譚の最後を飾る文句として、好んで用いられるものでした。

図7-4　『淮南子』の著者としても知られる淮南王劉安

出典)『列仙全伝』(同上書，228頁)。

そして、薬物による昇天で最も有名なのは、淮南王劉安でしょうか。劉安は、みずから昇天するに臨んで、残った丹薬の入った容器を、屋敷の庭にほったらかしにしていきました。そこいらにいた鶏や犬がこれを舐めたところ、かれらもみな昇天してしまったということです(図7-4)。

三　空飛ぶ機械を作ろう

さて、空を飛びたいというのは、人間の持っている、究極の願望かもしれません。中国人が語り伝えた飛翔の物語には、動物飛翔や薬物飛翔のほかに、何かの器物に乗るもの、さらには飛行する機械、すなわち飛行機を作ってしまう話もあります。器物の例では、西洋の魔女のような箒《ほうき》に杖、魔法の絨毯のような蓆《むしろ》などがありますが、ちょっと変わったものに、茅狗《ぼうく》(茅で作ったイヌ)があります。呼子仙という人は、ある仙人が持ってきた茅狗に乗って、居酒屋のばあさんと一緒に華山に上ったそうです。

人造動物といえば、紙鶴、紙鳶、木鵠、木鶴などの人造鳥類もあります。鳥の飛行を真似た人工物となれば、これは飛行機のアイデアに一歩近づいたものといえるでしょう。

初期の飛行機のエンジンには、馬車における馬のごとく、やはり飛翔能力を持つ神獣が用いられました。漢代の画像石には、さまざまな牽引動物を用いた飛翔機械が描かれています。それらが地上の車とは異なることを示すために、車輪の形が、蛇のとぐろのようになっていたり、またジェット噴射のような雲気紋様となっているものもあります(図7-5、図7-6)。

おもしろいのは、これらの飛翔機械を操縦している御者たちです。かれらもまた天界のもの、すなわち仙人なのでしょうが、やはりがりがりに痩せていて、「軽挙」に適応した身体となっています。

ぼくがいちばん好きなのが、江蘇省徐州、銅山県洪楼地区出土のものです（図7-7、図7-8）。

Aの絵の画面右側には、二台の車が描かれていて、上にあるのは、三匹の魚に引かれている「魚車」。下のものは、四頭の龍に引かれる「龍車」。魚車には痩躯の御者がいて、手綱をとっている。

図7-5　漢代の飛翔機械A

出典）呂林編『四川漢代画像石』四川美術出版社，1988年，図2。

図7-6　漢代の飛翔機械B

出典）南陽漢代画像石編輯委員会編『南陽漢代画像石』文物出版社，1985年，図140。

図 7-7　江蘇省徐州出土画像石 A

出典）林巳奈夫『漢代の神神』臨川書店，1989 年，附図。

図 7-8　江蘇省徐州出土画像石 B

出典）同上書，附図。

客座には、魚の形をした冠(?)を頭に載せたおじさんが、いらっしゃる。この、学芸会の『うらしまたろう』のお芝居から抜け出してきたようなおじさんは、南海君という海神であろうといわれていますが、それは『列異伝』(『太平御覧』巻八八二に引く)という本に、「南海君は魚頭を冠にしている」とあることによります。海の神様だから魚をエンジンにしているのも、うなずけるでしょう。

下のほうの龍車は、実にすばらしい！　御者は見当たらないが、車体にはドラムがひとつ設置され、虎、もしくは熊のドラマーが、バチを十字にかわして、カッコつけているのであります。これら二台の車の車輪は、やはり螺旋状になっています。

Bの絵を見ると、こちらは一部欠けてはいますが、中央上部に、またしても虎もしくは熊のドラマーが描かれています。前後にドラムが配置されていますが、これらはどうやら亀の背に載せられているようです。まるで筋肉隆々のドラマーが、腕まくりをして、シャウトしているようです。かれは、翼のある虎が牽引する「虎車」に乗っているのですが、その車輪部分は、あろうことか亀になっています。「亀はのろい」というのが、われわれ現代人の共通認識なはずですが、この亀は、よく見るとカモシカのような足を持っていて、実に速そうであります。

これらが死後の世界を描いたものと考えると、なんと楽しいあの世なのでしょう！　死んであの世に行ったとて、おとなしく寝ちゃあいられない。あの世でも、もしくはあの世なればこそ、忙しく飛び回らねばならない理由があったのではないでしょうか。かれらが想定した死後の生活は、ハスの台《うてな》で静座するというような落ち着いたものではなく、飛翔機械で天空をブッ飛ばすという、暴走族まがいの非行(飛行?)少年的生活なのでありました。考えてみれば、あの世の生活だって、おとなしく坐っているよりは、オモシロおかしく遊び回ったほうが愉快に決まっているではありませんか。

暴走族まがいに、車のクラクションを鳴らしながらブッ飛ばすのが心地よいように、かれら死者とても、ドラムを打ち鳴らしながら、天空をブッ飛ばしていたのであります。

ここでみなさんには、「素朴な古代人のロマン」などという、現代人の勝手な、そして古代人に対してはなはだ失礼な思い込みを、吹き飛ばしてもらわねばなりますまい。「素朴」ということばが持つうさんくささとは無縁の、「あの世観」を、かれらは確立していたらしいのです。ただいまのわれわれが漠然といだいている「静かなあの世」とはまったく異質な、とんでもなくにぎやかなあの世を、かれらは持っていたのでしょう。

飛翔機械を操縦する異界の仙人パイロットたちの服装は、近代の飛行服に飛行帽といういでたちにも見えてきます。かくして漢代には、あるいは漢代の幻想科学の空間では、優れて理論的な飛行がおこなわれていたとの結論に、ぼくはひそかに達してしまったのでありました。

その後、中国における飛行機のアイデアは、絶えず提示されていくのですが、仙人の話から少しずれていきそうなので、それらについては、またの機会にいたしましょう。

四　仙人がお口にするもの

仙人であろうと凡人であろうと、人が生きていくために最も重要な営みは、喰うことです。ここではまず、仙人の食生活について考えてみましょう。

仙人の食べ物といえば、よく耳にするのが、「カスミを喰う」というやつであります。ぼくも学生の頃は、郷里の母から、「あんた、カスミ食べて生きているんじゃないの？」とよく言われたものです。概して、浮世離れしたような生活、経済観念もなく、それゆえ食事にも頓着せずにいる、清貧で質素倹約に心がける、それらの生活状態を指していうのではないかと思います。あの薄墨色の雲カスミですから、味も素っ気もないものの代表と考えられたのでしょう。「カスミ」って、ほんとうのところ、どのような栄養価があるのでしょう？　食べて、美味しいんでしょうか？

このことばは、やはりもともと中国からきたことばで、たとえば古代の詩『楚辞』の「遠遊」には、仙人が摂取すべきものを挙げて、次のようにいっています。

六気を餐《くら》って、沆瀣《こうかい》を飲み、
正陽に漱《すす》いで、朝霞を含む。

「六気」とは宇宙に満ちている気のことで、「沆瀣」とは北方の夜の気のことらしいです。最後の「朝霞」が、懸案の「カスミ」なのですが、これは、実は日本語の「カスミ」にあらず、太陽がまさに出ようとするときの赤黄色の気のことなのです。つまり、仙人は、真っ赤に見える太陽エネルギーを摂取するわけでして、貧乏臭い、粗末な食生活の形容に用いられる「カスミ」とは、まったく異なるもの、むしろ真逆のものであるということです。どうしてそんなことになったかというと、そもそも中国語の〈霞《シア》〉ということばの意味と、日本語の〈霞《かすみ》〉とが、異なるものを指すというところに由来する、いわば「誤訳」なのでしょう。

中国では、「餐霞《ツァンシア》」や「飲霞《インシア》」のように、この〈霞《シア》〉なるエネルギーを食べたり飲んだりすることで、仙道修行のことをいう場合もあります。また、食べてはいけないものとしては、「濁陽」や「霜霧」などが挙げられています。

五　仙人は、どのようなお姿なのか？

次に、われわれが仙人になるとして、やはり、できるなら見た目にもカッコいいほうがよろしいかと思います。

日本人が普通に思い描く仙人というのは、どのようなものでしょう？　たとえば芥川龍之介の『杜子春』を、絵本や人形劇にしたてたものの中でデザインされているような、ゆったりとしたローブをまとった、杖を持った白ヒゲのおじいさんを連想してしまうのではないでしょうか。中国人が仙人を描いたものの図像は、それこそ山ほどあります。それらを眺めてみますと、たしかに白ヒゲのおじいさんのようなタイプもいることはいますが、それればかりではありません。日本には七福神というのがありますが、中国では、八人の仙人が「八仙」と総称されて、親しまれています。かれらを見ると、巨漢あり、ふにゃふにゃした文弱男子あり、そしておじいさんもあり、仙女もあり。八仙のリーダーであり、仙人全体の中でもいちばんエライのが、あとで見る呂洞賓《りょどうひん》という仙人なのですが、かれなどは、なかなかハンサムな壮年男性です。

これらの仙人像は、超人ではあるけれど、外見は、一般的な人間からそれほど乖離《かいり》しているわけではありません。ところが、さらに古い時代——漢代くらい——の仙人イメージを見てみると、これはかなり違ってくるようです。次の文をお読みください。

仙人の姿を描くときには、体に毛を生やし、腕を翼に変えて、雲間を飛んでいるようにし、それで不老長寿で、千歳になっても死なないなどというのだ。これは「虚図」である。世の中には「虚語」があるように、「虚図」もあるのだ。もしそのとおりだとすれば、蝉や蛾のたぐいは、真正人(仙人)でなければならない。

（王充『論衡』「無形篇」）

これは、漢代の王充が書いた『論衡《ろんこう》』という本の一節です。この本は、ひとことで言うならば、当時流行していたさまざまな迷信をことこまかに取り上げて、これらに痛烈な批判を加えるという本です。中国では、いつの時代にも迷信批判の書というものがあるのですが、それが結果的には、いちばん価値の高い迷信資料の提供者となっています。

その『論衡』によれば、当時好んで描かれた仙人像には、体に毛が生えていたり、また翼が生えているものもあったようです。こうなると、もはや八仙のような、尋常な人体を超越したものとなります。

図7-9　銅羽人（長安城楽宮出土）

漢代の墓室の壁に彫られたレリーフ、あるいは造形物などにも、このような仙人を描いたと思われるものが、たくさんあります（図7-9）。これらは、相当に奇怪な姿形を呈しています。外見的には、むしろ怪物と呼ばれるべきものでしょう。さてみなさんは、飛べる能力を選ぶか、人間の姿のままでいたいか、どちらを選びますか？

六　中国の人間的（？）な仙人たち

ここで、絵画に描かれた「八仙」を見てみましょう。だれが八人の仙人に含まれるのかについてはバリエーションがありますが、李鉄拐《りてっかい》、鍾離権《しょうりけん》(漢鍾離)、呂洞賓、藍采和《らんさいわ》、韓湘子《かんしょうし》、何仙姑《かせんこ》、張果老《ちょうかろう》、曹国舅《そうこくきゅう》は、その代表的な組み合わせです(図7-10)。

李鉄拐というひとは、幽体離脱をしている最中に、師匠が死んでしまったと思い込んだ弟子によって、肉体を焼却されてしまいます。しかたないので、野垂れ死にしていた「片足に障害のある」乞食の肉体に、魂を入り込ませたというものです(図7-11)。しばしば、なんらかの肉体的欠損を持った超人というものは、民衆の人気を勝ち得ます。京劇などでは、脚の不自由な李鉄拐は、片足を引きずりながらも杖をたくみに駆使し、なに喰わぬ顔で敵とのバトルを繰り広げるのです。お客さんは、そのカッコ良さに拍手喝采！　まあ、日本では上演できない

図7-10　八仙人(清代の絵画から)

出典) Asian Art Museum of San Francisco, The Avery Brundage Collection (B62 D28) (Little with Eichman, op. cit. p. 320).

図 7-11　「片足に障害のある乞食」，李鉄拐

出典）『道光列仙伝』(瀧本，前掲書，99 頁)。

図 7-12　お腹が出ている鍾離権

出典）『仙仙奇踪』(同上書，94 頁)。

とは思いますが。

鍾離権は、お腹の出た巨漢です(図7-12)。唯一おじいさんの姿をしているのは、張果老(図7-13)。

かれらのリーダーである呂洞賓(号は純陽)は、なかなかの好男子で、剣をせおっています(図7-14)。鍾離権はその師匠。呂は仙人界のトップでもあり、偉い人といえば偉い人なのですが、こんなエピソードもあります。

ある日のこと。宴会の帰り、空を飛んでいた呂洞賓が、ふと下界に目をやると、そこには一人の美しいお嬢さんがいるではありませんか。ムラムラときた呂洞賓、我慢できずに降りてくると、術を使って彼女のハートをつかんだ揚げ句、夜な夜なやってくるようになります。お嬢さん

図7-13　折り畳み式のロバに乗る仙人，張果老
出典）『道光列仙伝』(同上書，100頁)。

図7-14　最も有名な仙人，呂洞賓
出典）『列仙全伝』(同上書，102頁)。

は、日に日にやつれてきて、しかも呂洞賓の子どもまで宿してしまい……。

　呂洞賓はやがて高僧によって退治され、ちょっとは反省するのですが、民衆にとって、この勝手気ままないたずら者は、大の人気者なのです。

　このエピソードを、『西洋記』という長編小説の中で紹介している明代の羅懋登《らぼうとう》は、次のようにいっています。

……そもそも呂純陽のことを、世間では、飲ん兵衛で、スケべで、金の亡者で、怒りんぼうだ、などと言っております

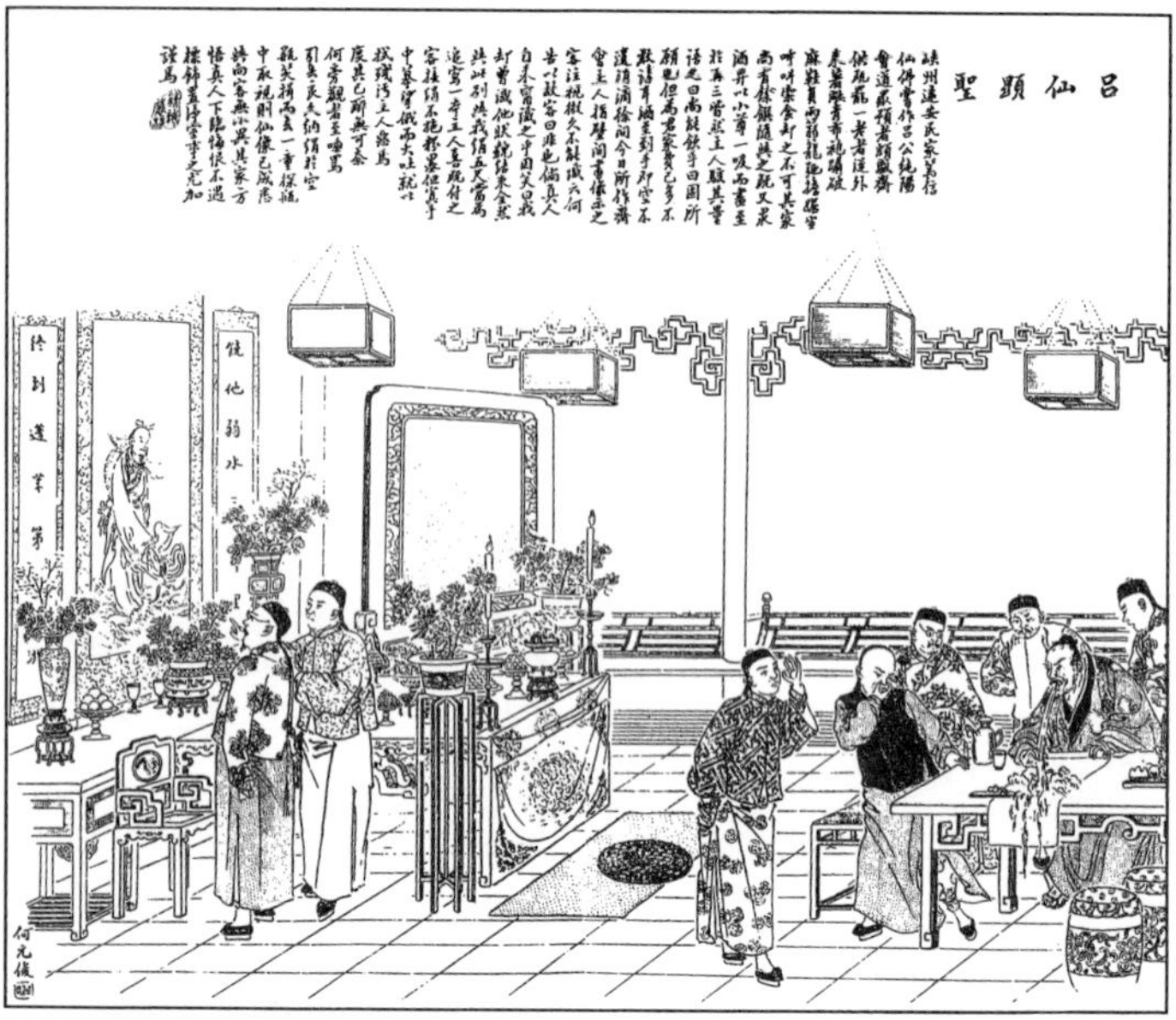

図 7-15　酒を飲んで酔っぱらい，吐いたゲロで自画像を描いてしまった呂洞賓。「呂仙顕聖」

出典）『点石斎画報』木冊六，上海画報出版社，2001 年。

が、実のところ、それらはまったくのウソいつわりなのです。このときも、別に女色を求めていたわけではありません。実は「陰を採《と》り陽を補う」という術をおこなっていたのでした。

呂洞賓は、道教的な修行に熱心なあまりに、このような仕儀に及んだのだというのであります。どうしてそこまで弁護するのだろうと首をかしげざるを得ませんが、いずれにしても、悪さをしても憎まれない、かれの人気のほどを物語っているのかもしれません。

古代の仙人は、怪物的でありましたが、それは、仙人を語る人々にとって、遠い外部のものであったからなのかもしれません。近世になって、呂洞賓のような、一見、人間のような、実はやることなすこと人間よりも人間的な、世俗的仙人が描かれるようになったのは、かれらが人間世界での「物語」として語られるようになったことに起因するのかもしれません。世俗的な人間たちのあいだで駆動する物語においては、超自然的な存在でさえも、なるべく人間の姿と変じ、人間のようにふるまわなければならないという方向性を、中国の物語は持っているかのようなのです。そして、かれらは、日頃何をしているかというと、空を飛んで見せたり、しばしばバカなことをして、みんなを驚かせ、楽しませているのでした(図7-15)。

七　近代における仙人報道から

仙人は、しょせん昔話の中にのみ存在するもので、現実には存在しないのでしょうか？　神話から現代の「世間話」まで、中国の、特に荒唐無稽とされるような話柄は、しばしば、否定しがたいリアリティを伴って迫ってくることがあります。かれらを仙人と呼ばずとも、人間がそのままで飛行するなどという話は、さすがに「ほんとうの話」であるとは考えにくいのですが、それを、「ありうるかも……?」と不安にさせてくれるのが、中国人によって語られる奇譚なのであります。

次にご紹介するのは、清朝末期の画報に、イラストレーションを伴って紹介された、ある不思議

図 7-16　飛翔術を披露する王さん。「翔歩太虚」

出典）『呉友如画宝』第七集下冊，上海古籍出版社，1983 年。

な話です（図 7-16）。

その人の名は、王仙槎《おうせんさ》。昌平州（北京北郊）の人。歳は四十ばかり。背は高く、仙人の風格を備えた人であった。

ある旅のものが、北京の妓楼でこの人に会った。かれは言うのだ。

「わたしは〈御風の術〉を善《よ》くします。そびえる城壁も飛び越えて、一時ほどで二百里あまりを飛行できます。むかし、南方の軍隊にいましてね、偵察の仕事をしていました。出世しようなんてこころざしもないので、むかしの友達をたずねて帝都に来たついでに、花柳の巷に遊びに来たわけです。こうしてあなたとお知り合いになれたのもなにかのご縁でしょう。わたしのつまらぬ技をご覧になりますか？」

旅人は言った。「はい、ぜひとも！」

王さんは妓楼から外に出ると、口の中でなにやらムニャムニャと呪文を唱え始めた。それと同時に、地面に護符の図形を描いた。そしてその上につま先立つや、あろうことか、かれはゆらゆらと浮きあがり始めたではないか。地面から二尺ほど離れたところで、大きく声を出すと、かれは一丈の高さにまであがった。まさに、列子が風に乗り、瞬息のうちに千里をも飛ぼうという勢いであった。

旅のものが、驚きのあまり茫然となっていると、王さんは、ゆっくり回転しながら降りてきて、着地して言った。

「さらに高く昇ったら、みなさんには見えなくなりましょう」

旅人が、どのような術によって、このようなことができるのかとたずねると、王さんは笑ってなにも言わない。さらに問い詰めると、こう答えた。

「これはつまらぬ技です。でも、一年以上の練習をしなければ飛ぶことはできません」

もうかなり遅い時間になっていた。王はあくびをすると、もう寝ましょうとうながした。旅人もまた、寝るしかなかった。

夜が明けてから、旅人は王さんの部屋のドアをたたいたが、かれはもう出払った後であった。いずこに行ったものか、知るよしもなかった。

王仙槎という名は、すでに彼が「空飛ぶ人」であることを語っているのです。「仙槎」――「仙人のいかだ」とは、中国の詩語の世界では、宇宙を飛翔する機械の美称なのでありました。「スターシップのワンさん」というわけであります。

この、おんとし四十ばかりのおじさんは、いかなる飛翔機械に乗り込むわけでもなく、時速五〇キロで、飛行できるのだそうです。王おじさんは、かつて軍隊に籍を置き、おそらくはその飛翔能力を生かして、敵情を偵察する任務に当たっていたのでしょう。清朝の末期には、気球を用いた西洋伝来の戦術の紹介が、新聞雑誌などに好んで書かれていました。今なら新興宗教の教祖様にでもなれようという能力の持ち主だったわけですが、王おじさんには、そんな世俗的な野望も煩悩もなく、軍人として出世しようなどという欲もないので、軍隊をやめたのだというのです。

清末の画報は、この、おそらくは「旅の人」から得たニュースを、イラストレーションを付して刊行したのです。こういう話は、きちんと真に受けなければならないと、ぼくは思います。中国人は、芸術的ともいえるホラ吹きだけれど、決してウソつきではない、とぼくは思っているからです。王おじさんのような「飛ぶ人」は、実際にいたのだろうなあ。ちゃんと目撃者がいて、こうして当時のかわら版にも描かれているのだから。中国の軍隊は、実際にこんな空中浮遊者を使って敵情視察をしていたのでありましょう。もしかしたら、ただいまの人民解放軍にも、そのような秘密の特殊部隊があるのかもしれません。

このニュースの記者は、おじさんの飛翔を、「列子が風に乗る」ようであったと、見てきたように書いていますが、『荘子』「逍遥遊篇《しょうようゆう》」に由来するこのことばは、近代のニュース報道などにおいては、気球や飛行船の飛行、あるいはなんらかの飛翔機械の発明を伝える記事に、好んで引用される常套句のひとつなのであります。

王仙槎のおじさんは、列子以来の「風に乗る術」の伝承者の一人なのでしょう。いかなる飛行動物や飛翔機械にも騎乗することなく、また、何のためでもなく、東風が吹けば、西へ、また西風が吹けば東へと、「木の葉やかわいたモミガラ」のように飛ぶ、いや、むしろ吹き飛ばされる。このあたりのカラッポ性、むしろカラッポそのものを飛翔のエネルギーに変換しようという飛翔力学の思想こそは、数千年にわたる中華風飛翔計画の、ひとつの学派と見なしてよいのかもしれません。

推察するに、王仙槎のおじさんは、偵察などという「目的」を強いられる飛翔をしているうちに、いつのまにやら列子の境地に達してしまったのではないでしょうか。それこそが、かれが軍隊をやめた理由なのでありましょう。王仙槎さんは、その後どこに行ったのでしょう? 「之《ゆ》くところを知らず」――記者は、古来の神仙譚にしばしば見える締めくくりのことばを、きちんと踏まえて使っているのです。

八　仙人になるためには

さて、われわれが、仙人――ここでいうのは、あくまでも中国的な仙人ですが――になるのには、つまりは、どうしたらいいのでしょう？

結論は、こうです。自由気ままに、やりたいことだけを考えて、他人のことなど構わない。たとえば、いい女を見かけたら、かまわずに手を出してしまえばよい。あとでひどい目に遭っても、それはそれで意に介さない。つまりは、呂洞賓的に生きよ！　ということになりましょうか。

そんなの無理だよ！　と、みなさんはおっしゃることでしょう。ここにお集まりのみなさんの中には、そんなやからは、いないと思います。みなさんは、毎日毎日、汗水流して働いて、家庭でも職場でも、まわりに気をつかい、上司や家族から、なんと罵倒されようとも、耐えに耐えて、馬車馬のように働く。自分の欲望など、みじんも出さず、ささやかな安寧に喜びを感じている……。そんな人は、おそらく仙人にはなれません。おあきらめください。

ところが、そんな善男善女のみなさんのまわりには、いかにも仙人になれそうな、まったく腹立たしい人間は、いるかもしれませんね。人の迷惑など考えず、わが家の前にゴミを棄てるヤツ。理不尽な命令ばかりぶつけてくる上司。マナーがなっとらんばかりか、いくら注意しても反省さえしない近ごろの若いもん。いい年喰って、ちょっとした言い争いですぐにキレ、果ては刃傷沙汰に及ぶ老人たち……。
そんな、困った人たちこそが、みなさんよりは、仙人に一歩近いということができるでしょうか。そうして、そういう人ほど顔の色つやも良く、それこそ空にも飛びかねないような生活を送っているのかもしれません。
まわりのことなど気にせずに、自由気ままに生きること。もちろんそれは、理想です。いつの時代も、それができたらいいのになあ、だけど無理だよなあ……というボヤキこそが、飛翔するひと「仙人」の存在を語ってきた原動力なのかもしれません。だとすれば、仙人の理想は、遠い過去の産物であるばかりではなく、ただいまも、そしてこれからも、永遠に紡ぎ出されていくものと考えるべきでしょう。

【参考文献】

大形徹『不老不死』講談社現代新書、一九九二年
曾布川寛『崑崙山への昇仙』中公新書、一九八一年
林巳奈夫『石に刻まれた世界』東方選書、一九九三年
袁珂著、鈴木博訳『中国の神話伝説』青土社、一九九三年
劉向・葛洪著、澤田瑞穂訳『列仙伝・神仙伝』平凡社、一九九三年

第八話　人生の受容と死の受容

――老いゆく人生に向かい合いて気張りもせず絶望もせず

宇都宮輝夫

一　はじめに――学問と批判的精査

公開講座の意義は、学問が厳しい精査を経て蓄積してきた良質の知を、明確にわかりやすく提示することにあります。とりわけ今回の講座のテーマである老年学や死生学の領域では、根拠のない情報や説が世に蔓延しているだけに、それが大事だと思われます。そうした俗説としては、たとえば、現代では死がタブーになったとか、死はかつては平然と受容されていたが今日では拒否されるようになったなどといった主張が挙げられます。あるいは、老年期には死に対する怖れと不安が増大するとか、宗教は死の怖れと不安を抑えるとか、それゆえ老年期には宗教心が強まるとかいった多くの話は、証明ができないか重大な反証があるかのいずれかです。死別後の悲嘆が率直に表出されることがそこからの立ち直りに資するという広く流布した説も、反証されてきています。

こうした死生学上の俗説がいくら批判され反証されても衰えないのには、理由があります。人間は自分の個人的な経験や印象に合致しており、かつその経験が当人にとってなんらかの重大な救済的意味合いを持っていると、それを固く信じるものです。これは宗教を信じる場合とよく似ています。宗教の入信過程自体はきわめて多様かつ複雑で、決して一概には言えないのですが、多くの大衆宗教の場合で言うと、人がある困窮状態に置かれており、そこから別のある状態へ救われたいという救済願望をいだいていて、たまたま周囲にあった宗教の救済手段によって、これまたたまたま困窮からの解放が起こると、人はその宗教を捨てがたくなります。そして困窮状態からの脱出がそれまで強く望まれていたにもかかわらず他の手段では実現しなかった場合には、その宗教への固着はますます強くなります。これとよく似たプロセスが死や死別にまつわる経験にも起こります。

死別後の悲嘆が率直に表出されるなら立ち直りも早いという説を例にとりましょう。この主張も、それを信じる人は現にそれを経験しているからこそ信じています。「ずっと立ち直れなかったのに、死別を分かち合う会に出て、思い切り人前で泣けるようになってから癒された」というのは、多くの人の一致した意見であり、本人たちはこれを信じて疑いません。しかしすぐわかるように、悲嘆からの立ち直りは、それを公に表出したからなのか、それとも他の要因、たとえばそれを一緒になって悲しみ苦しんでくれた人々の思いやりとやさしさのゆえなのかは、慎重に検証しなければならないはずです。

さらにこの主張は、死別悲嘆の分かち合いによって癒されたという経験を共有し、しかもそうした相互扶助の活動をともに営んでいる一定数の人を味方につけているという点にも、その強みを持っています。同一の信念を共有する人々が周囲に大勢いればいるほど、その信念は堅固に維持される主観的蓋然性が高まるからです。活動の内部には同じ考えの人しかいませんが、その外部には異なる見解の持ち主がはるかに多くいるかもしれません。実際、死別悲嘆者のうちではるかに多くの人々は、見ず知らずの他者に死別体験を語り、彼らの前で泣くことに、違和感と、場合によっては嫌悪すらいだいています。個人の主観的な経験を離れて広く全体を見渡してみると、事態はかなり別様に見えてくるものです。

フランス人は個人主義的で冷たいとか日本人は集団主義的であるといった話は、固定観念化しています。これにも狭い個人的主観的な印象に照らして、多くの人が同意するかもしれません。しかし証明のためには、「個人主義的」とか「冷たい」とか「集団主義的」とかは厳密には何を意味するのか、どういう事態を指すのか、またそれは人々のどういう行為や態度を指標にして測定できるのかをはっきりさせなければなりません。さらに、全フランス人・日本人の調査とは言わないまでも、両国の全人口を統計学的に一定の確率で反映していると考えられる数量のサンプル調査を実施しなければなりません。そしてさらに、せめて両国が国民国家として成立したこの二百年か百五十年あまりの歴史を通じて調べつくさなければなりません。学問的証明とは、そうした厳密な批判的精査をするということなのです。そんな厳密な調査などできるわけがないと反論されそうですが、根拠をもって言えないなら何も言わずにおくというのが、学問的誠実というものなのです。

学問の世界で特に真偽の判断が難しいのは、因果関係の認識です。先日、こういう話に接しました。起業への野心ある学生が偉大な経営者たちの伝記を片っ端から読んでみると、ある重大な共通性に気がつきました。彼らはみな、一日を振り返って毎日日記をつけ、反省点を克明に記していたのです。そこでその学生もさっそくそれを実践することにしました。たぶん彼の頭の中では、その日の反省的回顧が優れた経営手腕の基礎になるのだという因果関係が成立したのでしょう。しかし、これらの伝記に描かれた経営者たちは、たぶんみんな、毎日歯磨きもしていたことでしょう。また、自殺率は冬から春にかけて高くなり、夏にピークを迎えると再び減少に転じ、冬に最低になることが知られています。そこで自殺率と気温とのあいだに因果関係が想定されたり、自殺率と日照時間とのあいだに因果関係が想定されました。これはどちらも実際には誤りです。このように、二つの事象が同時に相関して変化する場合、両者が因果関係にあるのか、それとも同一原因の異なる二結果なのか、あるいは単なる偶然の共変なのかを見極めることは、けっこう難しいのです。むしろ重要な真理の証明で簡単になされうるものはほとんどないと言っても過言ではありません。

老年期には死に対する怖れと不安が増大し、そのため老年期には宗教心が強まるという主張も、学問の世界でよくなされるものの、俗説にすぎません。この主張の前半部は、直感的にはもっともらしく思われますが(「年をとれば平均余命も短くなるのだから、当然不安ももつのるだろう」)、実証された試しがありません。これに対して、老年期には宗教心が高まるという後半の主張は、たいてい統計という数字で示されるだけに、非常に説得的に見えます。たとえば、二十代から八十代まで十歳刻みで宗教心の高まりが右肩上がりのグラフで示されます。仮に百歩譲って宗教心が正確に測定可能であるとしても、この統計は老年期に宗教心が高まるという事実とは直接には何の関係もありません。それぞれの年代群の宗教心の違いを示しているだけです。加齢とともに宗教心が高まることを裏づけたいなら、せめて一定数の人を二〇歳の時から八〇歳になるまで追跡調査しなければなりません。しばしば引き合いに出される例の右肩上がりのグラフは、調査した当該社会全体が六〇年間にわたって世俗化・非宗教化してきたことを示しているのかもしれないのです。

　現代では死がタブーになったという、死生学で最も流布している言説については、私はこれまで幾度も批判してきたので、ここでは論じません。ただし、この言説を最初に唱えたG・ゴーラーが、その裏づけとして挙げていた二つの歴史的事実、すなわちかつて共同墓地は村の中心や町の目立つ場所にあったが、徐々にそれから遠い場所へ移されていったという指摘、そしてかつての公開処刑は一九世紀末に廃れたという指摘には反論を加えておきます。墓地の移動は、もっと広い墓地の確保とか市の発展といったまったく別の原因から生じたものであって、死の隠蔽という動機から生じたのではありません。しかもそれは現代の現象などではありません。公開処刑にしても、死が自然に受け取られていたから処刑も隠されなかったなどというのではなく、まったく違った社会政策上の動機と目的が根底にありました。廃止されたのも、理由は死の隠蔽などとは関係がありません。

そもそも公開処刑は有史以来あったわけでもありませんし、逆に現代アメリカなどでは、殺人の被害者遺族などに対しては(別室でですが)立ち会うことが認められるようになっています。

以下では、死生学および老年学でこんにち神話となっている主張のうち、私が今回特に取り上げたい老いと死の受容というテーマを吟味することにいたします。

二　人の死に方——エリザベス・キューブラー・ロス

死生学の定番のひとつは、伝統と現代とを対照関係に置くことです。すなわち、一方における良い死に方としての伝統的な従容たる死の受容と、他方における現代の見苦しい死に方・往生際の悪さという対照です。この根底にあるのは、以下のような最期の迎え方への深刻な怖れでした。たとえば、意識をなくしたまま多くのチューブやコードを接続された状態で生きさせられること、意識はあるしチューブづけになっているわけではないにしても、完全に寝たきりで食事も下の世話も他人にしてもらわざるを得ない状態で生きること、あるいは、そうしたことは一切ないものの、重度の認知症で徘徊や弄便を重ね、自分が自分でなくなってしまった状態で生きること、などです。寿命と死期は延ばされているものの、そら恐ろしいぞっとするような最晩年と末期に、現代人は深刻な不安を覚えざるを得ません。伝統的な死に方の中に何か参考になりそうな新しい死に方を模索しているのが、現代の状況でしょう。

死の受容に関して最も広い影響を及ぼした主張を展開したのは、キューブラー・ロスです。彼女は、死を前にした患者が否認、怒り、取引、抑鬱、受容という経過をたどっていくという主張をしたことになっています。この主張はかなり誤解されて伝わっていますので、彼女が言ったことと言っていないことをはっきりさせる必要があるでしょう。

まず彼女は、人は必ずこの五段階すべてをたどるとは言っていません。むしろ、すべてをたどるとは限らないと明言しています。彼女は、五段階の順序が入れ替わることはないとは言っていません。むしろ入れ替わることがあると言っています。しかも五段階は不可逆的ではなく、一度通過したあとに再度立ち戻ることがあります。

ここから論理的にはかなり重要な帰結が出てきます。この五段階理論は、実質的には何も語っていないことになります。抑鬱で始まり、そのまま亡くなるとか、抑鬱で始まり、怒りで終わるとか、否認と怒りを繰り返すだけの人もいることになります。ここで言える最も重要な帰結は、人は最終的に死の受容に至るわけではないということです。

次に、彼女は受容だけが望ましいと言っているのではありません。死の受容が常に患者のためになるわけではなく、否認を必要とする患者もいるのであって、患者の自己防衛を打ち壊すべきではありません。死の受容に至らなければならないわけではないなら、医療者の目的も患者を死の受容へ至らせることではありません。

以上が彼女の言っている正確な段階理論です。この段階論は、死の受容に関するその後の議論を支配する標準的な学説となっていくのですが、しかしそれには(不思議なことに、管見の限りでは誰も指摘していませんが)重大な疑問がつきまとっています。まず、末期患者の示す態度として挙げられている否認、怒り、取引、抑鬱、受容というのは、客観的に厳密な測定ができるような事態ではありません。また、観察によって確認できるような指標が公共的に定まっていて、それによって各段階が一義的に確認されるわけでもありません。これらはすべて彼女の、あるいはその他の医者の主観的な判断にしか基づいていません。そう思われるから、そうなのだというのでは、乱暴な議論のそしりを免れません。次に、死に対する態度というのは、この五種類に限られるものなのでしょうか。虹を見て七色に分類する民族もいれば、もっと多くの、あるいはもっと少ない色に分類する民族もいます。死への態度も、観察者が何に注目するかに応じて分類が変わってきます。五類型は客観的実在ではなく、主観的に設定された単なる便宜であって、実践的な理由から違う類型がいっそう有用になるなら、ただちに代えられるべきものでしかありません。

非宗教化と死の受容との相関については、彼女の考えには揺らぎが見られます。初期には、死後の生が信じられなくなったために死は意味づけを失い、受け入れられないものになったという発言が見られますし、後期に見られる彼女の宗教的思想はよく知られています。しかし初期であれ後期であれ、彼女は死の受容と宗教心との相関はさほど重視していません。まず、死後の生を心から信じている人たちですら、そうでない人と同様に死ぬことを恐れ、同じ段階を踏むと指摘しています。なんらかの信仰を持っていても、心の葛藤や恐怖を現実に軽減できるほどの人はほとんどいません。

逆に、不死観念を持たない者でも死への段階を通過するのが困難だとは思わない、と述べています。彼女が経験した限りでは、正真正銘の無神論者でも信心深い人となんら変わりなく、驚くほど安らかな受容のうちに死んでいきました。信仰を持つ患者と持たない患者とのあいだに違いはないというのが、彼女の基本的認識でした。そもそも彼女の観察では、人間が信念によって自らを支えきることなどできません。彼女の考えでは、患者が信仰を持っているか否かに関わりなく、真の愛と真心こそ患者を支えるのであり、本当に重要なのは当人が偽りのない人間であるということでした。これが彼女の最終的な結論であったと思われます。

死の受容に関して、いにしえと現代とでは対照的であるというのが彼女の見解だと見なされてきましたが、しかしこれも微妙であり、彼女はすでに『死ぬ瞬間』において、昔の文化や人間を研究してみて驚くのは、死はこれまで人間にとって常に忌むべきことであったし、今後も常にそうであり続けるだろうという見解を述べています。少なくとも彼女が最終的に到達した結論は、死の受容はいつの時代でも難題だというものだったと思われます。彼女の告白に従えば、彼女は自分の子が死にそうになって、死を受容できるなどとは考えないようになりました。死が現実問題になるたびに、人間はあらためてそれと対決しなければならないわけです。

三　良い死という規範的表象

古き良き昔をなつかしみ、現代の堕落と頽廃を嘆くというのは、いつの時代にも人間生活の至るところで見られる定番です。それゆえ、これまでの死生学がしばしば前提してきたように、死に関しては過去の時代には社会性・宗教性・公開性・率直性が支配的で、人々はそれによって死を容易に受容できていたといった見方には、かなりの留保が必要でしょう。そこで最初に問題とすべきは、良い死に方という倣うべき規範があるのか、またそもそも死は従容として受容するべきものなのか、という問いです。

伝統的に日本人には、死を毅然として受け容れることを「きよい・いさぎよい・うつくしい」とする規範的意識がありました。戦記物に見られるように、武士が示した死への決意はたしかに見事です。また、武士が死を前にして詠んだ数々の辞世の句を見ると、昔の人の剛胆には驚きを禁じえません。

また、武士道と呼ぶべき日本人の心性を欧米に紹介した新渡戸稲造の『武士道』によれば、剛毅、不撓不屈、大胆、自若、勇気、平静といった心性こそ幼児期から訓練された日本人の精神であって、「死の脅威に面しても沈着を失わざる者、例えば差し迫る危険のもとに詩を誦み、死に直面して歌を吟ずる者、かかる人は真に偉大なる人物として吾人の賞嘆するところ」でありました。その一例として新渡戸は、太田道灌の辞世の句「かかる時さこそ命の惜しからめ　かねてなき身と思い知らずば」(＝「このような(最期の)とき、きっと命を惜しく思うことだろう、もしも日ごろ(戦乱の世ゆえ)この身はとうにないものと覚悟していなかったならば」)を紹介しています。こうした句に接しますと、たしかに道灌は潔い武士のかがみだったという印象を受けます。新渡戸はこのような心性が明治期の日本人にも息づいていると考えていたようです。

作家、早坂暁が二〇〇九年三月の朝日新聞にエッセイを書いています。「中江兆民が五五歳のとき喉頭癌になって手術をしたが、「余命はいいとこ一年半」と医者にいわれ、『一年有半』『続一年有半』という本を書いて死と対決した。読んでみると、すごい。なんと「一年半というが短くはない。わたしにとっては悠久だと言おう」と喝破して、死なんか恐れていない。明治の男は平気で死んでいくんだぞとカッコいい。同じ余命一年半の昭和の男にはカッコよすぎて、どこか腑に落ちないが、時間はない。これでもって、死と対決するしかないと覚悟を決めた」。

しかし、あえて言うなら、早坂も腑に落ちないところがあるなら、性急に覚悟を決めたりせず、兆民の自若たる態度の所以を立ち止まって考えたほうがよくはなかったろうかと思います。兆民は独得の唯物論に立つ近代主義者ですから、彼の態度は宗教的信念とは関係がないでしょう。強さの理由は複合的で正確には突きとめようもありませんが、少なくともひとつには、彼は、下級とはいえ武士の出であり、弱音を吐くことなどできなかったのではないでしょうか。あるいは、兆民は奇行の人という世評を得ていた人物ですから、一種のスタンドプレーを演ずるという側面もあったのかもしれません。理由については確かなことは言えませんが、確かなのは、明治の男がみな気丈であったわけではないということです。兆民が世間で高く称賛され、『一年有半』が六、七万部も売れて当時としては大ベストセラーになったということ自体、兆民の態度が当時すでに類まれであったことを示しています。

正岡子規はほぼ同時期に末期の苦しみにありました。彼は「命のあまり」で兆民の達観を羨んだということが巷間しばしば言われますが、まったくの事実誤認です。彼は兆民の言動にかなり冷淡であり辛辣でした。彼は『一年有半』について次のように語っています。この書は「真面目になってほめる程のものでもない。評は一言で尽きる。平凡浮薄」。兆民が頭の中で生をあきらめたとしても、何もできなくなって「一人つくづくと過去未来を考えて見たらば、必ずや幾多の感慨は胸に迫って悲しいような心細いような何となく不愉快な感じが続々と起こって来るに違いない」と子規は見ていました。永年にわたり日々激痛にさいなまれていた子規にすれば、兆民はまだ末期の苦しみの何ほどをもわかっていないと見えたようです。

先に言及した戦記物も見事な死に際を描いているだけではありません。『平治物語』の藤原信頼は、合戦の合図に顔面蒼白となり、膝が震えて歩けず、馬にまたがることもできなくなります（上「待賢門の軍の事」）。また敵前逃亡はするわ（中「義朝六波羅に寄せらるる事」）、敵の鬨《とき》の声におびえるわ、武具など身ぐるみはがされても命乞いをするわ、死罪を言い渡されて泣く泣く命乞いをするわ（中「信頼降参の事」）、あさましさの限りを尽くしています。武士の辞世の数々も、どこまで実際に辞世であったのか、史実としては確定しがたいものが多々あります。

道灌の辞世にしても、どこかうさん臭いところがあります。彼は卑劣な謀略によって誘い出されて暗殺されたのですが、その際に刺客が道灌に辞世を詠ませる猶予を与えたとは考えがたいところがあります。『武士道』に従えば、刺客が上の句「かかる時さこそ命の惜しからめ」を詠むと、槍で脇に致命傷を負いつつも道灌が下の句「かねてなき身と思い知らずば」を詠みました。新渡戸はこれを「信ずべき史実」と言っていますが、できすぎた話という印象を否めません。道灌の辞世としてはほかにも伝えられているものがありますし、そもそもこの句は辞世ではなく、敵の戦死者にたむけた歌だという説もあります（『常山紀談』ほか）。新渡戸は、死に際しても平静沈着なる者は「真に偉大なる人物として賞嘆」されるのだと言っていますが、類まれであってこそ賞嘆されるのであって、日本人の皆が皆、実際にそうしていたならば、賞嘆されるわけがありません。

さらにまた、多くの武士が切腹の際に平静沈着な辞世を残したといっても、うしろで介錯人が刀を構えるところまで追い込まれてしまえば、武士ならずとも肝が据わるというか、一切に無感覚になってまったく動揺しなくなるのではなかろうかと思います。

良い死に方とか死に対して覚悟のできた老年期という社会的規範は、日本に限らず広く存在します。たとえば、「而立、不惑、知命」といった『論語』に由来する言葉は、模範的な人生行路を示す言葉として受け取られてきました。誕生から死までの人生の諸段階を表現した言葉は古来広く知られています。そもそも社会には人間の一生に関する規範的観念が諺や格言の形をとって普遍的に存在します。また、西洋では人間の一生の行程を描いた人生段階図というものがありました。それらは一二世紀から徐々に形成され、一四世紀にだいたい完成し、一八世紀まで西欧に広く流布したものです。日本にもそれに酷似した「熊野勧心十界曼荼羅」といった図像があります。これらはいずれも、宗教的人間観の大枠の中で理想的規範的な人生の歩みを教示しており、最後の人生段階はどちらにおいても、静かに穏やかに死を迎え待つ老人です。

しかしこれらはすべて理想を描いているにすぎないのであって、非行や犯罪に走る悪い子、悪い青年もいたでしょう。悪人も逸脱者・犯罪者もいなくならないのが世の常です。同様に、当然のことながら死に面してまったく潔くない老人もいたでしょう。規範があるということは、現実は多かれ少なかれ逸脱があったということです。藤原信頼も武士の逆理想を示すために描かれたという側面はあったでしょう。

理想像のように美しくかっこよく死にたいとまでは言わないにしても、それまでの人格を失い、不安と恐怖におびえきったかのような死に方を望む人はいません。現代人とて、多少とも勇気を持って見苦しくない死を迎えたいと願っています。しかしその気持ちが強すぎて一種の強迫観念のようになってその呪縛に陥るのであれば、やはり考えものではないでしょうか。自らの存在自体を失わざるを得ないという事態に面して(あるいは愛する者を失うという事態に面して)、なおかつ毅然とした態度やふるまいには、どこか無理がかかっているように思われます。そしてかかっていた無理はどこかで噴出し、結局のところ最後は帳尻が合ってしまうのではないでしょうか。本当にそれが自然にできるのなら、それはそれで結構なことだとは思いますが、たいていの場合は無理がかかるのであり、それならやめておいたほうがよいと思われます。では、なぜこれが無理だと私は言うのか、その根拠を考えてみたいと思います。

四　やり残した仕事

どの程度切迫しているかはともかく、死を前にするときには、多くの場合、それまでの人生の全体的評価が問題となります。しかし人生を全体として肯定し受容することを阻む過去の経験要素が誰にでも多かれ少なかれあります。人間が誕生以降の長い生活史の中で自己のアイデンティティを形成する際には、葛藤なしにはすまないからであり、したがっていつでも悔いを残しているはずだからです。そして必ずやそうならざるを得ない根拠があります。体を持った精神としての人間を動かす諸動機がすべて調和して満たされるなどということは、現実にはありえないからです。

人間の行為の動機を仮に三種の要素に分けることができます。第一は physical な欲求で、生物学的身体的欲求・物質的欲求です。食欲や性欲など、生物的な欲求を基礎とする諸欲求がそれですし、物欲すなわち消費欲、所有欲などもここに入ります。第二には psychological な欲求、心理的な欲求が挙げられます。名誉欲、支配欲、権力欲などがこれに該当します。第三は values、純然たる価値に関わります。他者奉仕の喜び、愛の交流、正義の実現などがこれに当たります。(1)

これら三種の動機が相互に調和するのであれば、人生に葛藤は起こりません。しかし現実には、それらは必ずやどこかで相反的関係に立ち、これらすべての十全な充足は論理的にありえません。この板挟みの中で人間は選択に迷い、人格は引き裂かれます。三種の動機がそれぞれ作用して一人の人間を動かそうとする以上、どのような行為を選択しても、結局は満たされざる思い、悔いが残ります。人間はこれらの異質な諸動機のあいだを迷いつつ、ふらつきながら生きている。これが人間の実態です。

ということは、人間には、これまで行為を選択する際に、果たすべきではあったが果たさぬままにしてきたこと、なすべきではなかったにもかかわらず実行してしまったことが必ずやあるということです。また、ある欲望を持っていたものの、それを実現するための実際的条件を欠いていたために、あるいは規範意識に妨げられて、実際には断念したという場合もあるでしょう。ある欲求のために別の欲求を断念したとか、ある欲求のために価値規範を捨てたとか、逆に価値規範のために欲求を断念したなどと、欲求と価値規範とのはざまで、また欲求同士がぶつかりあったり、価値規範同士が対立しあったりするなかで、人間は苦しい選択をしてきています。

それゆえ、歩んだかもしれない別の人生を、誰しも一つや二つはひそかな想いの中に持っているはずです。それは、今もはっきりと自覚しているか、あるいは無意識の中へと抑圧してしまったかはともかく、ありえたもうひとつの(いくつかの)自分史です。それは、夢想の中で書き加えたい自分史(「あれが実現しさえしていたなら」)であることもあれば、あるいはことによれば現実にならずにすんだかもしれない経験、したがってできることなら消去してしまいたい人生の断片(「何であんなことになってしまったのか」)であることもあります。また、紙一重で現実とならずにすんだことに身がすくむ思いをしたこともあるでしょう。

このように、人間は何をどう決断しようとも、得損なったものに未練を感じ、決断に悔いを残します。これが自責・悔恨・未練・心残り・恨み・怒り・怖れといった種々のしこりとなって残ります。死にゆく者が自分自身に対して、あるいは生き残る他者に対して、逆に、生き残った者が死者に対して、あるいは死者との関係で自分自身に対してそうした複雑なしこりをいだきます。死や死別に際しては、そうしたものをできる限り清算・解消することが問題となります。死生学でよくいわれる unfinished work/business、つまり「やり残した仕事」を果たすということは、これです。

「やり残した仕事」は、キューブラー・ロスの主要な思想のひとつです。彼女が挙げている例でそれを説明しましょう。彼女の父は瀕死の状態にあったとき、自宅で死ぬことを切望しましたが、医師からそれを拒否されていました。これは彼の父、したがってキューブラー・ロスの祖父がかつて置かれていた状況と同じでした。祖父も家で死にたかったのですが、父がそれを拒絶したのです。今は父が同じ立場に置かれました。死の前夜、痛みにさいなまれていた父は、今は亡き祖父に向かって話し始め、「この苦しみで罪を償っているのでしょう」と言って、みじめな老人ホームで死なせたことを祖父に詫びたのです。キューブラー・ロスによれば、これによって父はやり残した仕事を果たすし、「ようやく安らぎの境地に達した」のです(キューブラー・ロス『人生は廻る輪のように』

上野圭一訳、角川書店、二〇〇三年）。

彼女の父は、肉体の痛みで心の痛みを緩和していたのでしょう。当然のことながら、死にゆく者が後に遺る者に対して咎を感じているときにも、同様のことが言えます。償いは自らの非を認めざるを得ず、苦しいのですが、償わないのはもっと苦しいのです。この償いが「やり残した仕事」です。それは、過去の否定的な経験とそれに伴う感情を直視することだと言えましょう。彼女の考えでは、真正面から対処することによって、過去を過去とし、現在に関心を向け直し、あらためて人生を生きる道が開けます。咎の清算に伴う苦痛は、よき生を生きるという充実感によって償われ、贖われるからです。巷間よく言われるのとは違って、心安らかに死ぬことは必ずしも大事ではありません。咎をありのままに認めるには、またそれを人に告白するには、勇気がいり、ときにはとてもつらいものです。しかし、やり残した仕事を果たすことこそ、本来、死の受容と呼ぶべきなのでしょう。単なる心理状態としての苦痛と安楽をこえた事柄、すなわち人間としてあらねばならない価値規範の実現こそが問題なのだと思われます。

キューブラー・ロスは「やり残した仕事を果たす」別の例を挙げています。それは九年の人生の大半を白血病で苦しみぬいたジェフィーという名の少年です。キューブラー・ロスは、人間がいかに生き、いかに死すべきかについて、決定的なことを彼から学ぶことになるのですが、たしかに彼は私たちにもそのことを深く考えさせる事例です。

余命二、三週間というときに、ジェフィーはどうしても家に帰りたいと言います。何年も寝たきりだった少年が一生に一度でいいから自力で近所を自転車で走り回りたいと言うのです。家に戻って自転車を出してもらうと、立っているのがやっとというジェフィーは、母親を押さえつけておいて欲しいとキューブラー・ロスに頼みます。母親ならきっと彼を赤ん坊のように抱いて自転車に乗せ、彼を支えながら一緒に近所を走ろうとするからです。それではすべてが台無しになります。母親は二人がかりで羽交い締めにされ、ジェフィーは一人で出発します。無限のような時間が過ぎ、彼が戻ってきますが「その顔は誇りに満ちた男の顔でした」。

ここでは「やり残した仕事」の、第一の例とは異なった側面、すなわち人生の総決算としての咎の清算とは違った側面が問題になっています。ジェフィーがやり残した仕事とは、自分が自転車で町内を自力で一周できる男の子なのだという勇姿を両親に見せることなのです。それができたからこそ、彼は「会心の笑み」を浮かべ、「とても得意そうに」「威厳をたたえ」ていたわけです。こうして彼は独り立ちした少年としての課題、すなわち母親に支えられてではなく一人で自転車に乗るという課題を果たし終え、勝利を味わって死ぬのです。

ここまでがキューブラー・ロスの語っていることですが、私たちはその先を考えてみましょう。「見るべきものは見、為すべきことは為して死ぬ」というのが死に際の理想としてしばしば語られますが、年端も行かぬ子どもがそのような形で通常の一生の仕事をやり終えてしまうなどということはありえません。しかしそのような子どもでも、「やり残した仕事を果たす」ということは考えられます。人間がいちどきに全人生過程で果たすべき全課題を果たしてしまうことなどありえません。人間はいつでも目前の課題を果たすことしかできません。正確に言えば、人間は人生のそのつどの成長段階で期待されていることと、果たすべきとされていることを果たしていれば、やり残した仕事はないということになります。ジェフィーの悔しさは、それが三年にわたってできずにいたことでした。しかも厳密に言えばやはりできていなかったということは、ジェフィー自身がよくわかっていました。幼児用の補助輪をつけてもらったとき、それは彼には無限の屈辱だったからです。

ジェフィーの物語から、私たちはもうひとつの重要なことを引き出すべきでしょう。彼は町内を一周したあと、小学一年生の弟を自室に呼び、「いちばん大切な自転車をぼくの手からおまえにプレゼントしたい」と言ったのです。しかもその際には、自分の場合にはやむを得ず補助輪をつけたのですが「あのみっともない補助輪だけは、絶対に使うなよ」と戒めたうえで。九歳の子どもについて言うのはいささか違和感を覚えますが、これはやはり「あとを託す」行為だと解釈できます。世代の連続性に自己の永続性を見て取るとき、人は安んじて死ねるとよく言いますが、これはあとからつけた理屈にすぎないと私は思っています。「いちばん大切な自転車」を弟に譲ったとき、世代の連続性などジェフィーの念頭に(意識的・無意識的を問わず)あったわけがありません。それにそもそも、自己の永続性に安心するというのであれば、しょせんは自分の身の上を気遣っているにすぎません。そうした自己配慮で生きている少年が「とても美しく、とても素直な表情」を浮かべて死んでいくというのであれば、それは途方もないアイロニーでしかないでしょう。あとを託し以て瞑すべしと言える事態があるとすれば、それはジェフィーの例から見て取れるように、愛着で結ばれた人々との交わりの中でなら人間は安んじて死ねるということ以外ではありえないと思われます。

「やり残した仕事」とは、以上からわかるように、達成するべくしていまだ達成していない人生課題のことだと言えるでしょう。それゆえキューブラー・ロスの unfinished work/business という言葉は、E・H・エリクソンの言葉を用いれば uncompleted task of life-cycle（まだ達成していない人生課題）とでも言い換えることができるでしょう。エリクソンの考えに従えば、人間にはそれぞれの人生段階で成し遂げるべき課題があります。それは一種の社会的価値規範であって、それを要求するのが全体社会か、もっと身近な小集団かは問いません。他者に認められることをまったく欠いたまま自分を肯定するのは不可能に近く、また自分が従う価値基準を自分一人で発案し維持するのは奇跡に等しいからです。ともかく人生課題を成し遂げることが満ち足りた生のあり方だとエリクソンは考えました。ですからジェフィーにとっては自転車で町内を一周することがあの時点では焦眉の課題だったのであり、それを成し遂げたときに彼はやり残していた課題をやり遂げ、満ち足りたのです。

ここから世に追悼とか供養とか呼ばれている行為も、やはりやり残した仕事を果たそうとしているのだということがわかります。それらはたしかに一方では愛着などの断ちきれない思いを表出する行為ですが、他方では生者が死者に対して生前に果たすべきであった仕事（＝彼らにこうしてあげることができていればよかったのにと思うこと）を果たすこと、あるいは生者が死者に代わって死者が生前にぜひやり遂げたいと思い、またやり遂げるべきであった仕事（＝彼らもこうすることができていればよかったのにと思うこと）を果たすことです。あるいはさらに、死者が残された自分たちに何をしてほしかったのか、どのように生きてほしいと思っていたのかを考え、それを果たそうとすることです。追悼とか供養とか言うと日本的な慣習のような印象を持ちがちですが、以上のように考えれば、それが普遍的な人間の行為であることがわかるでしょう。

　ここからさらに二つの帰結を引き出しておきたいと思います。第一に、人生でなすべきことを成し遂げるとか、やり残したことを果たすといったことは、本来、死を前にしてという特別なときの問題ではそもそもないということです。本来それは、よき生であるために、いつでも成し遂げるべき仕事です。第二に、よく生きるか否か、果たしていない課題を果たすか否か、これは生き方といういわば存在の問題だということです。生への未練や悲しみ・苦しみを持っていたとしても、しょせんそれは心理の問題にすぎません。伝えられているように宅間守や金川真大のような人物は、よしんば生への未練もなく、悲しみも怖れも苦しみも持たず、なんら心理的問題はかかえていなかったとしても、人間のあり方という意味で存在的には重大な問題をかかえていたことは明らかです。

五　おわりに

なすべきことをすべてなすことができていたのなら、また、なすべきことだけをなしてきたのなら、ある意味では人生に思い残すことはないのかもしれません。価値理想だけで生きてきた人が実際に存在するのかもしれません。そのように生きてなんら悔いるところのない人が本当にいるのかもしれません。しかしそんな人は普通はいないのではないでしょうか。価値理想だけで生きてきた人は、別の意味では人生に多いに思い残すことがあったのではないでしょうか。なにしろ価値規範のために実に多くの欲求を抑圧し、断念してきたであろうからです。

人間が欲求を満たすという目的のために最適な手段を常に選択する、つまり目的合理的に行動するとか、価値を実現するためにそれに適合的な行為を一貫して選択する、つまり価値合理的な行動を貫徹するとか考えるのは間違っています。典型的には、前者は啓蒙主義、とりわけ功利主義が前提した理論上の（＝机上の）人間であり、後者は宗教などが人々に強要した人間で、例外的存在です。現実の人間は、どのような意味であれ、合理性とはほど遠いものに支配されています。往々にして私たちは一時の快楽に目がくらんで、もっと大きな欲求充足にせよ価値実現にせよ、すべてを台無しにしてしまいます。私たちは、乾坤一擲、最も筋の通った選択をしなければならないというときでも、自分の盲目的な欲動と頑迷な信念と性懲りもない偏見を捨てられません。始末の悪いことに、私たちは誤りや過ちにうすうす気づいたとしても、それまでに払った犠牲が大きかったりすると、そのゆえに引き返せなくなります。引き返して出直すことによって得るものよりも、それによって失うもののほうが（たとえ現実には小さかったとしても）大きく見えるためです。私たちは引き返さず、むしろ心のバランスをとるために、自分は間違っていなかったと自己を正当化してくれる理屈を探します。私たちは日々迷いながら生きているのであって、私たちがいちばん必要とし求めているのは、自分を納得させる妥協なのかもしれません。

こうしてみると、人間は単にふるまいが非合理的であるというより、まずもって人格的自己同一性というものを考え直すべきであるように思われます。人格は自己同一的であるとはいうものの、それは均質な単一体ではなく、天使の音楽を創造する人が下卑た情欲の奴隷であったり、物欲の亡者が崇高な社会理想のために自己を放棄したりという具合に、相互に拮抗する相対的に独立した複数の下位人格からなる複合体だと考えたほうがよさそうです。しかも下位人格同士の関わりは一定しているのではなく、絶えず変化してやみません。ということは、人格は静的状態ではなく、動的過程であり、絶えざる変成のうちにあることになります。人格の自己同一性とは、けっこう折り合いの悪い複数の下位人格をその日そのつどどうにかこうにか統合していくという苦心惨憺たる過程のことなのだと言えましょう。

人間が自己のアイデンティティを絶えず構築し直す過程では、理想的人生とまではいかなくとも、せめて受容できるアイデンティティに見合う形で記憶が形成され直されます。これは記憶の選定が起こるということで、必要とあらば現在の自分に好都合なように記憶は変形させられたり、意味が変えられたり、あるいは逆に忘却の淵から呼び出されますし、また不都合なことは抑圧・忘却されたりします(思い出したくもないし考えたくもないという態度は、人間が自己同一をぎりぎりで保つための防衛機制です)。抑圧、想起、変質、新たな意味付与等、これらすべてが記憶の構成部分であり、記憶の総体なのです。記憶とは、忌まわしい過去と決別し、望ましき自分であるために、無数の過去の出来事の中から特定の出来事を選択的に想起し、一定の意味づけをして再構成し、それを受容する行為です。必要に応じて記憶が作りかえられ、作り上げられさえするのです。アイデンティティの再構成という営みが、過去の個々ばらばらにあった無数の出来事を統一的な流れにまとめあげてゆきます。哲学者ポール・リクール的に言えば、この作業には終わりがなく、解体と再構築を繰り返す定めにあります。したがって、アイデンティティが最後的永続的な安定に達することはないことになります。理想は達しえない目標であり、人生は実態として辻褄合わせの成功と失敗が相半ばするのだと言えましょう。

このように言いますと、人間が哀れさえ催すほど醜く滑稽な存在に見えてきます。もしそう思えてきたら、先に紹介したジェフィーの例を思い出すべきです。そして同様の例はほかにも多く見られます。そこには人間の勇気と尊厳がまごうかたなく見て取れます。人間の高貴さがいかなるものであるかについて、ある哲人は次のように言っています。「逆境においてさえ、人が度重なる大きな不運に平静に耐えるならば、しかも苦痛に無感覚なのではなくて、高貴な人間、高邁な人間であるがゆえにそうするのであれば、そこからまさに美しさが輝き出る」（アリストテレス『ニコマコス倫理学』）。この境地に達することは、誰にとっても至難でしょう。しかしこの理想をあきらめることなく捨て去ることなく、それにしぶとくしがみつき食らいついて生きていくことくらいなら、できるかもしれません。九歳にして人間の高貴さを示しながら死んでいった少年がいるのであれば、齢重ねた私たちにそれができないなどということがあってはならないでしょう。

（1） この分類については補足が必要なのですが、話がいささか細かいので、本文から外して短い注釈だけをつけておきます。

分類というものは、どういう視点から現実を切り分けるかに従って、さまざまにありえます。それゆえここに示した分類もひとつの可能な分類でしかありません。この分類は、社会学者マクス・ヴェーバーの考えを変形し応用したものです。彼は社会を支配し動かす動機として、物質的動機、情緒的ないし観念的動機、そして理念ないし価値合理的動機を考えました（支配が存続するためには、彼はこのほかに支配の正当性を信ずる信念が必要だと考えました）。これらの諸動機は社会の存続に欠かせません。ですからどれほど高邁な理想を掲げる政治でも、経済を破綻させるなら持続しません。逆に、どれほどの物質的富をもたらそうとも、人間の生きる意義を否定し自尊心を踏みにじる形でそれを実現するなら、その政治権力はもちません。ヴェーバーにあっては、社会を動かすこれらの動機は、個人を動かす諸力としても理解されていました。それで本文に示したような三分類になったわけです。

ここに示した動機の三分類は、すべての動機をいわば代数的に網羅してそれを三分割しているとは言えません。分類というものがたいていはそこからはみ出すものをかかえているように、この図式も完全ではありません。ですから、たとえば「美しい景色を見ていたい」とか「好きな歌を口ずさむ」「美しい音楽を聴きたい」とかいった欲求は分類が困難です。「手触りのよい布地を好む」や「いいにおいを嗅いでいたい」といった好みも、あえて分類してみたところで、強引な分類にならざるをえません。このように微妙なものが多いので、ある思想伝統では目の欲・耳の欲云々といった区分がなされていました。同様にゲームや芝居見物のような娯楽への欲求も諸動機の境界に微妙にまたがっています。現実の諸欲求がまず事実としてあり、人間がそれを観察し、分類カテゴリーを作る。しかし、人間が考案した分類以上に現実は多様です。したがってそれにうまく当てはまらないものが出てくるのは仕方ありません。それにもかかわらずこの三分類を使うのは、行為の大枠を捉えるためには非常に便利だからです。

あとがき

いかがでしたでしょうか。老いを豊かに生きるヒントがここかしこに埋め込まれていましたでしょうか。人生そのものが自らの魂の中の宝探しであるとして、魂がどこまでも豊かになりうる可能性を備えたものであることをお伝えできましたでしょうか。「霞《かすみ》を喰う」とは仙人にとっては日の出の赤黄色の気としての太陽エネルギーを摂取することだったのですね。成熟するということの喜びと力のビタミンを摂取頂けたなら幸いです。一人でついに自転車で街を一周した九歳のジェフィー少年のはちきれる笑顔とひととしての高貴は私たちにひとであることの喜びと誇りを思い返させてくれたのではないでしょうか。学生期、家長期、林生期そして遊行期という人生の豊かな経験のあとに、もしひとがこの経験を持ったままもう一度若返ることができたなら、あらためてどんな人生を刻むのでしょうか。かつて実際になしたある種のことがらを、決してすることはないであろうという確信をお持ちの方々も多いのではないでしょうか。これこそが端的に人生の知恵の血肉化といえる明白な魂の態勢でありましょう。もちろん、それに対しても、「年の功」というよりも

「年のせい」なのではないかという懐疑は成立しましょうが、本書が、人間の成熟というものが持つ普遍的なものをお伝えできる場となりえましたなら、読者そして執筆者双方にとって幸いな出会いであったのではないかと思います。「ひとり燈火《ともしび》のもとに文《ふみ》をひろげて、見ぬ世の人を友とするこそ、こようなう慰むわざなれ」(『徒然草』第一三段)。本書が読者諸賢におかれまして、老後の生活の備えにおとらず、魂の備え「魂の耕作(cultus animi)」(キケロ)として役立ちえますなら幸甚です。

二〇一〇年一月

編　者

執筆者紹介

金子　勇（かねこ　いさむ）　一九四九年生、九州大学大学院博士課程単位取得退学、現在、北海道大学大学院文学研究科教授（社会システム科学講座）。単著、『都市高齢社会と地域福祉』（ミネルヴァ書房、一九九三年）、『都市の少子社会』（東京大学出版会、二〇〇三年）、『社会分析』（ミネルヴァ書房、二〇〇九年）。第一話担当。

藤井教公（ふじい　きょうこう）　一九四八年生、東京大学大学院人文科学研究科博士課程（印度哲学）単位取得満期退学、現在、北海道大学大学院文学研究科教授（宗教学インド哲学講座）。共著、『法華経』（上）（大蔵出版、一九八八年、田村芳朗との共著）、単著、『法華経』（下）（大蔵出版、一九九二年）、『勝鬘経義疏訳注』（『聖徳太子・鑑真』中央公論社、一九九〇年、所収）。第二話担当。

千葉　惠（ちば　けい）　一九五五年生、D. Phil.（オックスフォード大学、哲学）、現在、北海道大学大学院文学研究科教授（哲学講座）。単著、『アリストテレスと形而上学の可能性——弁証術と自然哲学の相補的展開』（勁草書房、二〇〇二年）、論文、Aristotle on Essence and Defining-phrase in his Dialectic, *Definitions in Greek Philosophy*, ed. D. Charles (O.U.P 2010). 第三話担当。

宮野　裕（みやの　ゆたか）　一九七二年生、北海道大学大学院文学研究科西洋史学専攻博士課程中退、博士（文学）、現在、岐阜聖徳学園大学教育学部准教授。単著、『「ノヴゴロドの異端者」事件の研究——ロシア統一国家の形成と「正統と異端」の相克』(風行社、二〇〇九年)。第四話担当。

谷古宇　尚(やこう　ひさし)　一九六五年生、東北大学大学院文学研究科博士課程満期退学、現在、北海道大学大学院文学研究科准教授(芸術学講座)。論文、「中世絵画の描き直し――ナポリ、サンタ・キアーラ修道院壁画装飾について」(『ルクス・アルティウム――越宏一先生退任記念論文集』中央公論美術出版、二〇一〇年、所収)。第五話担当。

中村三春(なかむら　みはる)　一九五八年生、東北大学大学院文学研究科博士課程中退、現在、北海道大学大学院文学研究科教授(映像・表現文化論講座)。単著、『フィクションの機構』(ひつじ書房、一九九四年)、『係争中の主体――漱石・太宰・賢治』(翰林書房、二〇〇六年)、『修辞的モダニズム――テクスト様式論の試み』(ひつじ書房、二〇〇六年)。第六話担当。

武田雅哉(たけだ　まさや)　一九五八年生、北海道大学大学院文学研究科博士課程中退、現在、北海道大学大学院文学研究科教授(中国文化論講座)。単著、『中国乙類図像漫遊記』(大修館書店、二〇〇九年)、『楊貴妃になりたかった男たち――〈衣服の妖怪〉の文化誌』(講談社選書メチエ、二〇〇七年)、『よいこの文化大革命――紅小兵の世界』(廣済堂出版、二〇〇三年)。第七話担当。

宇都宮輝夫(うつのみや　てるお)　一九五〇年生、北海道大学大学院文学研究科博士課程退学、現在、北海道大学大学院文学研究科教授(宗教学インド哲学講座)。単著、『生と死の宗教社会学』(しののめ出版、一九八九年)、共著、『死生学・2』(東京大学出版会、二〇〇八年)、『岩波講座宗教3　宗教史の可能性』(岩波書店、二〇〇四年)。第八話担当。

〈北大文学研究科ライブラリ 4〉
老い翔る――めざせ，人生の達人

2011 年 3 月 31 日　第 1 刷発行

編著者　千　葉　　惠

発行者　吉　田　克　己

発行所　北海道大学出版会
札幌市北区北 9 条西 8 丁目 北海道大学構内（〒060-0809）
tel. 011(747)2308・fax. 011(736)8605 http://www.hup.gr.jp/

㈱アイワード

ISBN 978-4-8329-3376-7

「北大文学研究科ライブラリ」刊行にあたって

このたび本研究科は教員の研究成果を広く一般社会に還元すべく、「ライブラリ」を刊行いたします。これは「研究叢書」の姉妹編としての位置づけを持ちます。「研究叢書」が各学術分野において最先端の知見により学術世界に貢献をめざすのに比し、「ライブラリ」は文学研究科の多岐にわたる研究領域、学際性を生かし、十代からの広い読者層を想定しています。人間と人間を構成する諸相を分かりやすく描き、読者諸賢の教養に資することをめざします。多くの専門分野からの参画による広くかつ複眼的視野のもとに、言語と心魂と世界・社会の解明に取りくみます。時には人間そのものの探究へと誘う手引きとして、また時には社会の仕組みを鮮明に照らし出す灯りとして斬新な知見を提供いたします。本「ライブラリ」が読者諸賢におかれて「ひとり灯のもとに文をひろげて、見ぬ世の人を友」(『徒然草』一三段)とするその「友」となり、座右に侍するものとなりますなら幸甚です。

二〇一〇年二月

北海道大学文学研究科